なぜ「ごんぎつね」は定番教材になったのか

—国語教師のための「ごんぎつね」入門—

鶴田清司 著

明治図書

はじめに

「ごんぎつね」は、童話作家として知られる新美南吉（一九一三〜一九四三）の作品である。小学四年生の国語教科書に半世紀以上も前から掲載されているので、「そう言えば読んだことがある」という大人も多いだろう。

かつての小学校国語教科書には、さまざまな童話が教材として登場していた。たとえば「泣いた赤おに」（浜田広介）、「野ばら」（小川未明）、「片耳の大鹿」（椋鳩十）、「魔法」（坪田譲治）、「虔十公園林」（宮沢賢治）、「天下一の馬」（豊島与志雄）、「蜘蛛の糸」（芥川龍之介）などである。本書で取り上げた新美南吉の作品だけでも、「赤いろうそく」「手ぶくろを買いに」「おじいさんのランプ」などがあった。

ところが、時代の変化とともに、これらの古典的な作品は教科書から消えていった。それに代わって、あまんきみこ、今西祐行、斎藤隆介、松谷みよ子らに代表される現代児童文学作品が多く取り上げられるようになった。古典的な作品として残っているのは、椋鳩十の「大造じいさんとガン」、宮沢賢治の「注文の多い料理店」ぐらいである。

特に最近は、社会で生きて働く力として、論理的な思考力・表現力、実用的なコミュニケーション能力、情報活用能力などの育成が重視されるようになった。そのあおりを受けて、童話・物語は教科書の掲載数を減らしている。

そのなかで唯一、今日まで教科書に掲載され続けているのが「ごんぎつね」なのだ。しかも、この四〇年間はすべての教科書に掲載されている。さらには、童話集や絵本、DVD等として今もなお出版・制作されていて、その意味では国民的な長寿作品と言える。

◇　◇

では、なぜ「ごんぎつね」は教材として命を保ってきたのだろうか。

教材として採用されるには、教科書の編集者はもとより、教育現場である小学校の先生や子どもとその親たちからも支持されなければならない。多くの童話が教科書から消えていくなかで、「『ごんぎつね』はなくさないで」という大きな、そして多くの声が作品を教科書にとどめてきたのである。

どこにその魅力があるのだろうか。その秘密を探ってみようというのが本書のねらいである。

筆者は大学で小学校の教員を養成する仕事に携わっている。講義や演習では、毎年のように「ごんぎつね」を取り上げているが、そのたびに新鮮な感動がある。ストーリーは暗誦できるほどに覚えているが、不思議なことにいつも何かを私に語りかけてくるのである。

大学生たちも同じである。すでに小学生のときに読んでいるにもかかわらず、その魅力や奥深さに改めて気づかされるようだ。

◇　◇

本書は、「ごんぎつね」が生まれた背景やそのメッセージ、作品の持つ魅力について紹介するだけでなく、現代の子どもたちの受け止め方、さらに作品の裏側にあるエピソードなどを幅広く紹介していきたい。学校の先生方が教材研究や授業づくりに生かしていただけたら幸いである。

二〇二〇年二月

鶴田清司

もくじ

第1章　国民的な童話となった「ごんぎつね」

第2章 「ごんぎつね」が私たちを惹きつける理由

第3章 「ごんぎつね」はどう読まれているか

第4章 「ごんぎつね」に隠された秘密

第5章　「ごんぎつね」を読書への架け橋に―南吉の他の作品も味わう―

第６章 大学での「ごんぎつね」の授業

第 1 章

国民的な童話となった「ごんぎつね」

一　大人も読んだ「ごんぎつね」―教科書教材としての歴史―

◆教科書採択の仕組み

二〇二〇（令和二）年度の小学校国語教科書は四種類ある。光村図書、東京書籍、教育出版、学校図書の各社が発行している。日本は教科書検定制度になっていて、各教科書社はまず申請用の見本（白表紙本と言われる）を作成して、文部科学省の教科書調査官による入念な審査を受ける。それにパスして、やっと「検定済教科書」として学校で使用することが認められるという仕組みである。

このようにして数年に一回、教科書が改訂されるたび、各地区の教育委員会のもとで教科書選定委員会が組織される。それを通して選定作業が行われ、最終的にどれか一社の採択が決まると、その地区内のすべての公立学校で使用されることになる。

◆日本中の小学生が読んでいる童話

「ごんぎつね」は現在、小学校四年生の教材として、すべての国語科教科書に採用されている。これはきわめて珍しいことである。せいぜい二、三社の共通教材になることはあっても、日本中の子どもたち全員が読むというのは、「ごんぎつね」の他には、「大きなかぶ」（ロシア民話）と「大造じいさんとガン」（椋鳩十）があるくらいである。

しかも、「ごんぎつね」がすべての教科書に採られるようになったのは、一九八〇年（昭和五五年）版からである。当時、小学校国語教科書を発行していた五社（日本書籍・東京書籍・光村図書・教育出版・学校図書）がそろって「ごんぎつね」を登載したのである。以後、四〇年間にわたって、日本の小学校四年生の国語教科書に必ず採られるようになった。もちろん、それ以前からも多くの教科書に登場していた。いま小学生を子どもに持つお父さん、お母さんたちのほとんどが、その昔「ごんぎつね」を習った経験があるというわけである。

次の表を見ていただきたい。「ごんぎつね」は昭和三一年度使用の大日本図書版の教科書に初めて登場した。今から半世紀以上も前のことである。昭和四〇年代になると、各社がだんだん登載するようになり、現在に至っている。「ごんぎつね」の価値や魅力が広く共有されるとともに、教科書教材として完全に定着したと言えるだろう。これほど息が長く、しかも広範に採用されてきた教科書教材は「ごんぎつね」をおいて他にはない。

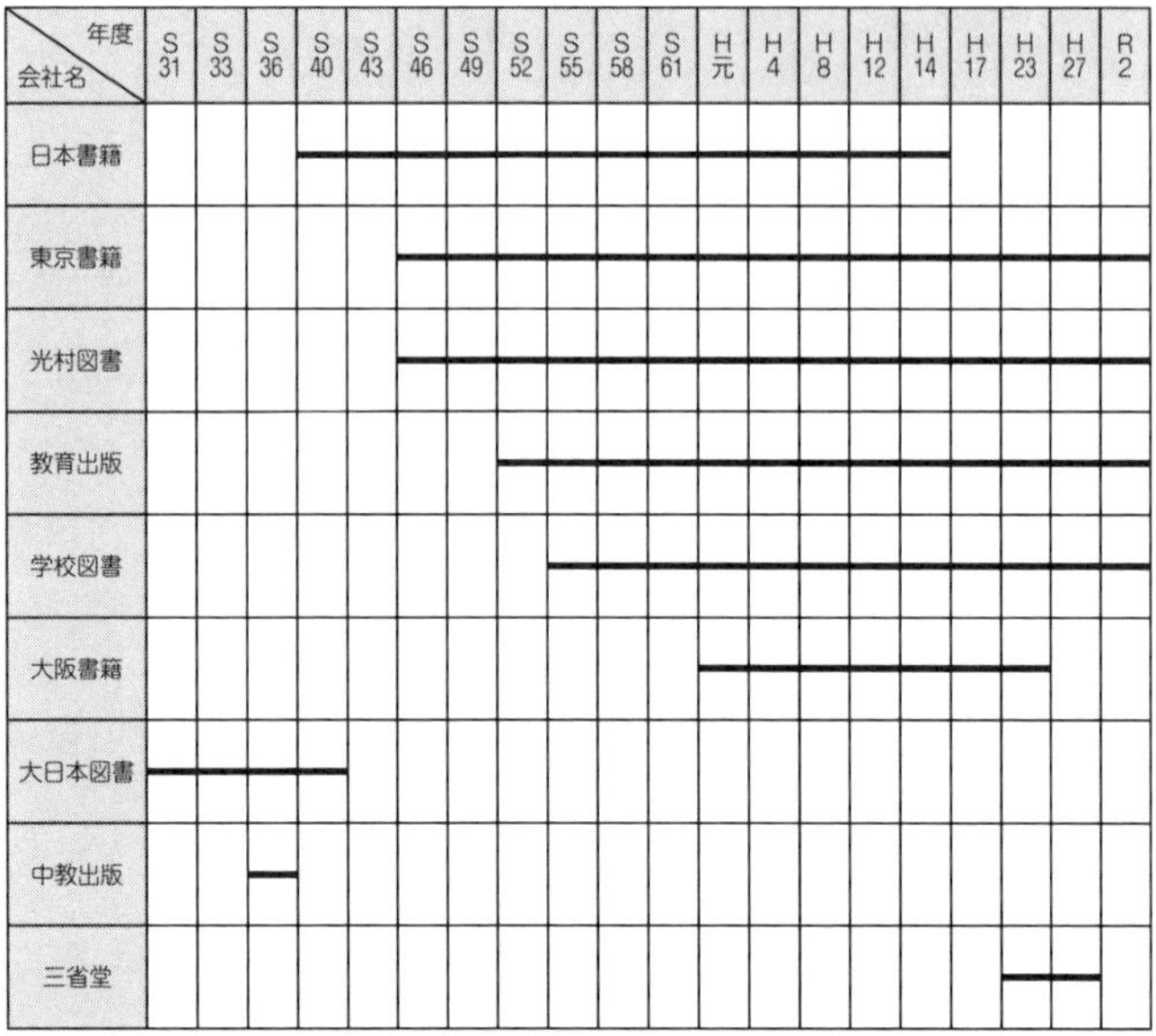

（ゴチック体は、現在、小学校国語教科書を発行している会社）

表　「ごんぎつね」の教科書収録状況

なお「大造じいさんとガン」も昭和三〇年代からと歴史は古いが、すべての教科書に載らなかった時期がある。その一因として、軍国主義の昂揚に手を貸したという作品評価があったこと（戦時色の強まった昭和一六年一一月に『少年倶楽部』誌に発表された）、雁狩り（現在は法律で禁止されている）という題材そのものが古くなっていることなどが考えられる。

二　「ごんぎつね」が載った童話集―〝ひっぱりだこ〟の人気―

「ごんぎつね」は教科書に何度も載っただけでなく、市販された童話集のなかにも多く取り上げられてきた。「ごんぎつね」が収められた新美南吉の作品集を古いものから見ていくことにしよう。

あまりの多さに驚かれるだろうが、たいていの人がこのなかのどれかは手に取っていると思われる。

①『花のき村と盗人たち』（新日本少国民文庫）一九四六年、国民図書刊行会
②『ごんぎつね』（小学生全集６）一九五一年、筑摩書房
③『うた時計　ごんぎつね　いぼ』（雨の日文庫２）一九五八年、麦書房
④『ごんぎつね』（新美南吉童話全集１）一九六〇年、大日本図書
⑤『新美南吉集』（新日本少年少女文学全集35）一九六〇年、ポプラ社
⑥『新美南吉代表作集』一九六二年、新美南吉顕彰会（非売品）
⑦『花のき村と盗人たち』（新・児童文学選９）一九六五年、偕成杜
⑧『おじいさんのランプ』一九六五年、岩波書店
⑨『新美南吉全集１　童話集（Ⅰ）』一九六五年、牧書店
⑩『ひろったらっぱ』（せかいのおはなし20）一九六六年、講談社

⑪『牛をつないだ椿の木』（角川文庫）一九六八年、角川書店
⑫『百姓の足、坊さんの足』一九六八年、旺文社
⑬『ごんぎつね』（おはなし名作絵本１）一九六九年、ポプラ社
⑭『ごんぎつね』（絵本・日本の名作）一九六九年、講談社
⑮『花のき村と盗人たち』（文研児童読書館）一九七〇年、文研出版
⑯『童話集・ごんぎつね・最後の胡弓ひきほか十四編』（講談社文庫）一九七二年、講談社
⑰『山の兄弟・町の兄弟』（日本児童文学名作選５）一九七二年、あかね書房
⑱『ごんぎつねとてぶくろ』（新美南吉童話選集）一九七三年、大日本図書
⑲『全一冊版 新美南吉童話集』一九七四年、実業之日本社
⑳『ごんぎつね』（講談社の幼年文庫Ａ６）一九七七年、講談社
㉑『ごんぎつね』（集団読書テキストＡ６）一九七八年、全国学校図書館協議会
㉒『ごんぎつね』（日本児童文学名作選５）一九七八年、あかね書房
㉓『ごんぎつね』（ポプラ社文庫）一九七八年、ポプラ社
㉔『新美南吉』（日本児童文学大系28）一九七八年月、ほるぷ出版
㉕『ごんぎつねほか一編』（児童文学名作選）一九七九年、創隆社
㉖『校定新美南吉全集　第三巻』一九八〇年、大日本図書
㉗『ごんぎつね』（フォア文庫）一九八〇年、岩崎書店
㉘『ごん狐』（新美南吉童話集１）一九八二年、大日本図書
㉙『牛をつないだ椿の木』（日本の文学27）一九八二年、金の星社
㉚『ごんぎつね』（日本児童文学名作選）一九八二年、あかね書房
㉛『ごんぎつね』（偕成社文庫）一九八二年、偕成社
㉜『ごんぎつね・張紅倫』（赤い鳥名作童話集10）一九八二年、小峰書店

㉝『ごんぎつね」(てのり文庫)一九八八年、大日本図書
㉞『花のき村と盗人たち』(幼年文学名作選5)一九八九年、岩崎書店
㉟『新美南吉童話大全』(Super 文庫)一九八九年、講談社
㊱『ごんぎつね　新美南吉傑作選』(青い鳥文庫)一九九〇年、講談社
㊲『日本名作絵本23』一九九三年、TBSブリタニカ
㊳『新編新美南吉代表作集』一九九四年、半田市教育委員会
㊴『ごんぎつね』(日本の名作童話)一九九五年、岩崎書店
㊵『新美南吉童話集』(岩波文庫)一九九六年、岩波書店
㊶『ごんぎつね』(小学館新撰クラシックス)一九九九年、小学館
㊷『ごんぎつね』(ポプラ社文庫)二〇〇〇年、ポプラ社
㊸『ごんぎつね』(岩波少年文庫)二〇〇二年、岩波書店
㊹『新美南吉童話集』(心に残るロングセラー名作10話)二〇〇四年、世界文化社
㊺『新美南吉童話傑作選』二〇〇四年、小峰書店
㊻『新美南吉童話集』(ハルキ文庫)二〇〇六年、角川春樹事務所
㊼『名作童話新美南吉30選』二〇〇九年、春陽堂書店
㊽『新美南吉童話選集 全5巻』二〇一三年、ポプラ社
㊾『ごんぎつね・てぶくろを買いに』(角川つばさ文庫)二〇一三年、角川書店
㊿『手ぶくろを買いに/ごんぎつね』(10歳までに読みたい日本名作⑤)二〇一七年、学研プラス

(以上は、府川源一郎『「ごんぎつね」をめぐる謎』(二〇〇〇年、教育出版)などを参考に作成した。)

これら以外にも、他の作家の作品も含めたアンソロジーに収められたものを合わせると数十冊にもおよぶ。これだけ多くの童話集のなかに収められた作品はないだろう。それだけ多くの子どもたちに親しまれてきたというわけだ。まさに国民的な童話である。

三　絵本になった「ごんぎつね」—その魅力を広く伝える—

「ごんぎつね」は童話集だけでなく、これまでに何冊も絵本化されてきた。

現在、市販されている絵本は、次の通りである。

○いもとようこ・絵『ごんぎつね』（白泉社。のちに金の星社から出版）

これは、ごんを人間の子どものように擬人化して描いている。直立二足歩行ができるうえに、笑ったりはしゃいだり驚いたりと顔の表情も豊かである。雨が降り続いて穴のなかにしゃがんでいる場面は、膝を曲げ、頬づえをついている。一方の兵十は、ふっくらとしていて、いかにも善良そうな感じが出ている。

表紙は、ごんの首に鰻が巻きついている場面で、ずいぶんユーモラスな絵になっている。全体的に少女向きのかわいらしいタッチで描かれていて、愛らしいごんの顔が印象的である。

○黒井健・絵『ごんぎつね』（偕成社）

これは「日本の童話名作選シリーズ」のなかの一冊で、「大人の絵本」と角書きがしてある。全体的に色調が淡く、しっとりと落ち着いたタッチで描かれている。ごんはあくまでも狐として描かれている。柔らかそうな黄色の毛並みが印象的である。人間の表情などは細かく描かれていない。その意味では、いもとようこの絵本とは対照的である。

この絵本をもとにして、ビデオとＤＶＤも発売されている。また、これには〝Le Petit Renard Gon〟（小さなきつねのごん）と題するフランス語訳の絵本もあるという。

○かすや昌宏・絵『ごんぎつね』（あすなろ書房）

かすや昌宏は、光村図書版の国語教科書に載っている「ごんぎつね」の挿絵も描いている。絵本は輪郭がはっきりしていて、切り絵や影絵のような雰囲気が出ている。しかも、教科書のごんの顔によく似ている。三本のひげと大きな目が特徴的で、いかにもいたずら好きという表情をしている。お城や民家なども丁寧に描き込まれている。

小学生のときに光村図書の教科書を使っていた人は、昔を思い出して再び手にとってみるかもしれない。

○箕田源二郎・絵『ごんぎつね』（ポプラ社）
　この絵本は「おはなし名作絵本」シリーズの第一弾として、一九六九年に出版された。表紙には「教科書に出てくる本」という金色のシールが貼ってあり、帯には「全国学校図書館協議会選定・よい絵本」という文字が入っている。

　絵の方は素朴な味わいがある。シンプルなタッチであるが、ごんは表情豊かに描かれている。銃で撃たれたごんが目と口を開けたまま倒れているシーンは特に印象的である。ごんが何かを言おうとしているようで切ない。
○遠藤てるよ・絵『ごんぎつね』（大日本図書）
　二〇〇五年に出版された絵本である。〈絵本・新美南吉の世界〉全五巻のなかの一つだ。ちなみに、他の作品は「のら犬」（鶴田陽子）、「てぶくろを買いに」（ひろのみずえ）、「きつね」（鎌田暢子）、「巨男の話」（津田真帆）となっている。

　絵はモダンアート風でユニークである。全体的にパステル調の色づかいで、コラージュ（貼り絵）などの技法も使われている。ごんは単純化されて描かれている。輪郭は線で軽く縁どられ、全身が淡い色で塗られている。かなり個性的な作品だ。
○鈴木靖将・絵『ごんぎつね』（新樹社）

この絵本は出版が二〇一二年と最も新しい。帯には「二〇一三年　新美南吉生誕百年」という南吉のイラスト入りのロゴマークが入っている。

絵は全体的に色調が明るく、ごんや兵十の輪郭がくっきりと描かれているため、とても見やすい。兵十や村人の顔の描き方はかなり大胆でユニークである。大きな顔の中に目と口が小さく描かれているが、表情は豊かで、人物の心の動きが巧みに表現されている。

このように、絵本化されることによって、読者層も広がってくる。家庭や図書館などでこれらの絵本を読みきかせすることによって、多くの子どもが幼い頃から「ごんぎつね」にふれるようになる。そうして小学校四年生になって再び読むことで、物語の印象はさらに強まっていくだろう。

四　新美南吉記念館と「ごんぎつね」—童話の雰囲気が漂うデザイン—

新美南吉の郷里、愛知県半田市岩滑《やなべ》西町に新美南吉記念館がある。自然に囲まれた田園地帯に、市制施行五五周年、生誕八〇周年を記念して一九九四年にオープンした。これは、

「ごんぎつねのふる里　岩滑」整備事業の一環でもあった。現在でも岩滑地区の観光パンフレットやホームページでは「ごんぎつねのふる里　岩滑」というキャッチコピーが使われている。新美南吉といえば、「ごんぎつね」というイメージが強いのである。

さて南吉記念館は、写真1を見ての通り、一風変わったデザインの建物で、半地下構造となっている。特に屋上部分が波のようになだらかな曲線で、そこに芝生が植えられているのがユニークである。これを見て、南吉童話によく登場するきつねの柔らかな背中をイメージするのは筆者だけであろうか。

写真１　新美南吉記念館の外観

この開館当初のパンフレットを見ると、表紙にも裏表紙にも、きつねのイラストが描かれている。ここにも「南吉イコールごんぎつね」のイメージが強いようだ。

展示室に入ると、まず目を引くのが、「ごんぎつね」や「手ぶくろを買いに」などの代表作のジオラマ（小型模型）である。「ごんぎつね」では、兵十がはりきり網で漁をしている場面や兵十がごんを撃った場面などがジオラマになっている。とてもよくできている。

他には、南吉の生い立ちや創作活動に関する貴重な資料（自筆原稿・日記・手紙・写真など）、さらに地元の小学生が書いた感想文や絵などが展示されている。児童用、一般用、研究用に分かれた図書閲覧室も設置されている。

館内には、カフェ＆ショップ「ごんの贈り物」が併設されていて、南吉関係の絵本や書籍の他、市内の銘菓や南吉童話グッズを取り揃えている。オリジナルコーヒー「権ブレンド」や各種デザートを楽しみながら、絵本を読むこともできる。（以前は「ごんのお宿」という喫茶室があった。小さなごんに似て、とてもかわいらしい造りで、メニューには、「ごんなべうどん」（六五〇円）、「ごんなべうどんセット」（八〇〇円）もならんでいた。）

この記念館に隣接して、南側には「童話の森」が広がっている。「ごんぎつね」に出てくる中山様のお城があったとされる丘陵地にある。遊歩道、せせらぎ、野外ステージなどが設けられていて、自然と融合したデザインの記念館と一体になって、南吉童話の世界を体験できるようになっている。「童話の森」には、「ごんぎつね広場」をはじめとして、「兵十橋」や「はりきり橋」といった「ごんぎつね」に関係する名前がついたものを目にすることができる。

こう見てくると、新美南吉記念館と童話の森には、全体的に「ごんぎつね」の雰囲気が漂っていることがうかがわれる。

新美南吉の代表作といえば、やはり「ごんぎつね」なのだ。先に述べたように、国語教科書にずっと掲載されてきたという事情にもよるが、何よりも、ストーリーそのものが魅力的で、時代を超えて人びとの胸を打つ感動的な作品である。

もちろん、彼が残した童話のなかで「ごんぎつね」が最高傑作であるかどうかについては、専門家の意見が分かれるかもしれない。また、悲劇的な作品であるがゆえに、一般読者の好みも分かれるかもしれない。実際、「悲しくてやりきれない」と感じる児童もいるだろう。「いかにも日本人好みの話だ」「センチメンタルな作品だ」と眉をひそめる大人もいるだろう。文学にはさまざまな反応や評価があるものだ。

しかし、筆者自身は、南吉童話のみならず、近代日本児童文学のなかでも、「ごんぎつね」は最高傑作の一つであると考えている。そして、日本人の多くも「ごんぎつね」が大好きなのである。

本書では、その魅力を掘り起こしていきたいと思う。

第 2 章

「ごんぎつね」が私たちを惹きつける理由

一　南吉文学の魅力―日本人を感動させる三つの要素―

「はじめに」で述べたように、私たち日本人がこれほどまでに「ごんぎつね」に惹かれる理由は何だろうか。本章では、この問題を明らかにしていきたい。

まず、「ごんぎつね」の物語に立ち入る前に、新美南吉の作品が持っている魅力について見ていこう。南吉文学の大きな特徴として、郷土性、叙情性、少年心理の描写の三つを指摘することができる。

1　どこにでも見られる郷土像―自然描写の巧みさ―

南吉の作品には、彼の郷里がよく出てくる。今の愛知県半田市である。特に後期の作品には、自然・文化・生活・行事・風習・方言などが生き生きと描き出されている。言わばどこにでも見られる典型的な日本の農村を舞台にして、どこにでも起こり得るような身近な事件・出来事が語られていくのである。

初期の作品である「ごんぎつね」でもそうである。

たとえば、〈中山さまというおとのさま〉は摂政藤原兼家の子孫の中山氏（中山勝時）がモデルであり、その居城が南吉の実家のあった岩滑付近にあったと言われている。

また、実際に大正時代頃まで中山の近くの権現山にきつねが住んでいて、岩滑の人たちは「六蔵狐」と呼んでいたという。「ごんぎつね」（草稿では「権狐」）の「ごん」の名は権現山に由来すると考えられている。（写真2）

さらに、当時、江端兵重という〈はりきり網〉の名手がいて、大雨のときは必ず漁をしたと伝えられている。〈村の小川の堤〉は岩滑新田の北を流れる矢勝川《やかち》、〈お宮〉は岩滑の氏神である八幡神社に対応している。

地域に根ざしているという点では宮沢賢治とも共通するが、岩手山・北上川などスケールの大きい東北地方の厳しい自然環境のなかで育まれた賢治童話の世界と違って、南吉の場合は、いかにもこぢんまりとした農村のイメージで

写真２　権現山と矢勝川

ある。そこには温暖で素朴な風土に恵まれた日本の農村の原風景がある。

◆どこにでもある風景だから親しみを感じる

南吉の作品に描かれているのは、どこにでもある日本の風景である。南吉自身も日記のなかで、その「平凡さ」にふれているが、これこそ多くの読者が作品に親しみやなつかしさを感じる最大の理由であろう。

たとえば、「花のき村と盗人たち」は、次のような情景描写で始まる。

> それは、若竹が、あちこちの空に、かぼそく、ういういしい緑色の芽をのばしている初夏のひるで、松林では松蝉が、ジイジイイと鳴いていました。盗人たちは、北から川に沿ってやって来ました。花のき村の入り口あたりは、すかんぽやうまごやしの生えた緑の野原で、子供や牛が遊んでおりました。（中略）川は藪の下を流れ、そこにかかっている一つの水車をゴトンゴトンとまわして、村の奥深くはいっていきました。

これは、かつて日本のどこにでも見られたような、のどかで穏やかな田園風景である。「ごんぎつね」でも同様である。

雨があがると、ごんは、ほっとして穴からはい出ました。空はからっと晴れていて、もずの声がきんきん、ひびいていました。
ごんは、村の小川の堤まで出て来ました。あたりの、すすきの穂には、まだ雨のしずくが光っていました。川はいつもは水が少ないのですが、三日もの雨で、水が、どっとましていました。ただのときは水につかることのない、川べりのすすきや、萩の株が、黄いろくにごった水に横だおしになって、もまれています。

雨あがりの秋晴れと増水した小川の様子である。読者の多くが目撃・体験したことのある原風景を生き生きと呼び起こすような表現である。

お昼がすぎると、ごんは、村の墓地へいって、六地蔵さんのかげにかくれていました。いいお天気で、遠く向うにはお城の屋根瓦が光っています。墓地には、ひがん花が、赤い布のようにさきつづいていました。と、村の方から、カーン、カーンと鐘が鳴ってきました。葬式の出る合図です。

やがて、白い着物を着た葬列のものたちがやってくるのがちらちら見えはじめました。話し声も近くなりました。葬列は墓地へはいって来ました。人々が通ったあとには、ひがん花が、ふみおられていました。


日本人になじみの深い彼岸花の描写である。白装束の葬列との色彩のコントラストも鮮やかである。なお、彼岸花は別名「しびとばな」「ゆうれいばな」とも言われる。この物語の不吉さを暗示しているのかもしれない。

このように、南吉文学は郷土の豊かな自然を描写するところに特徴がある。これによって、多くの読者にとって、身近な感覚ですんなりと物語の世界に分け入っていくことが可能になるのである。

2　豊かな叙情性―心のふれあいという物語―

北原白秋門下の詩人で、新美南吉をよく知る与田準一氏は、かつて「南吉の童話作家としての発想出立が、生きるものおたがいの、しかしその生存所属を異にするもの同士の、流通共鳴を主題とした」と述べたことがある（「南吉童話解説～初期作品を主に～」『新美南吉童話全集　第一巻　ごんぎつね』一九六〇年、大日本図書、三四六頁）。要するに、「心のふれあい・かよいあい」である。この考え方は、その後の作品論に大きな影響を与えている。数人の研究者・評論家の話を聞いてみよう。

◆愛を奪われた子ども時代

たとえば、佐藤通雅氏はこれを「的を射た指摘である」としたうえで、その背後には「自己にとって他人とか外界は恐るべき断崖をへだてて対峙したそれぞれの存在である」という、南吉の人間観が存在していると指摘している。そして、それは「南吉自身の幼少年時の原体験」に由来すると考えるのである。

両親、とりわけ母の情愛がもっとも必要な時期、母の死によってすべてを奪い去られた幼児が、寒風に吹きさらされるまま運命に耐えている様は、あわれこの上もない。彼にとって他人とは、個々ばらばらに冷えきりながら立っているだけの木の幹にすぎず、弱小な幼児には、眼前にいかにも恐ろしげにそそり立っているようにすら見える。こういう人間は、いつしか酔うということを忘れ、いかなる時もさえざえと醒めていることになる。

（『新美南吉童話論―自己放棄者の到達―』一九七〇年、牧書店、六〇〜六一頁）

南吉は一九一三年（大正二年）七月三〇日、愛知県知多郡半田町字西折戸（現・半田市新生町一丁目）に畳職人である渡辺多蔵の次男（本名・正八）として生まれる。四歳のとき実母りゑが死亡、六歳になって継母志んを迎えるが、二年後に多蔵と協議離婚。その直後、南吉は新美家（りゑの生家）に養子に出されるが、祖母との二人暮らしに耐えきれず、三ケ月ほどで養子（新美姓）のまま実家に戻る。その頃、一度離婚した志んと父が再婚する。

こうした複雑な家庭環境における「薄幸な幼児体験」が南吉の文学ひいては人間観に大きな影響を与えたという見方には説得力がある。佐藤通雅氏が言うように、「ごんぎつね」を含む初期の作品に多く見られる「人間と動物の組み合わせ」は、心のかよいあわない

「それぞれの存在」を表している。

◆虚弱体質によるコンプレックス

鳥越信氏も、先の与田準一氏の考え方を重視して、次のように述べている。

たしかに南吉は、好んで生存所属を異にする者をとりあげた。初期の作品においては人間とキツネ、人間とクマ、日本人と中国人、日本人と朝鮮人といったぐあいに、越えがたい壁をへだてた者どうしの相克かっとうが形としても明瞭に描きだされている。後期に入ると、それがさらに子どもと大人、都会と田舎、古いものと新しいものというぐあいに深化するが、このような目にうつりやすい形だけではなく、たとえば一人の人間の中に共存する二つのまったく異なった側面、というようなとらえ方にまで及んでいく。たしかに南吉は、与田準一の指摘するようなテーマを終生追求した作家だった。

（『文学探訪　新美南吉の世界』一九八七年、蒼丘書林、九五〜九六頁）

ただし、鳥越氏は、佐藤氏の「家庭環境複雑説」と違って、こうした南吉文学の特質を

「肉体的虚弱への逃れようのない自覚」に由来するものと考えている。言わば「身体的虚弱説」である。農村で生まれ育った南吉は、「人より弱く生まれついたこと、そしてそのことが自分と他人との間に大きな壁を作っていること」を強烈に意識していたというのである。

これは南吉の日記からも裏づけられる。東京外国語学校（現・東京外国語大学）の学生時代、従姉おかぎの結婚式に代理で出席したときのことを記した日記の一部を見てみよう。

酒宴がたけなわとなる頃私は彼等無智な男達から一種の圧迫を感じた。私は彼等の逞しい肉体をうらやましいと思つた。そして、彼等こそ本当の人間であるといふやうに思へた。では私は何だらう。私は一種のひこばえの如きものかも知れない。しかも不幸なことには生活力のないひこばえが人一倍思考力を持つてゐるのだ。

（一九三五年三月二四日）

ひこばえというのは、採った草から生えてくる芽、いかにも余りものということで、ここには、虚弱体質に対する自嘲と知識人としての自負が入りまじった屈折した心理が読みとれる。南吉は「その肉体的劣等感を文学的優越感におきかえるしかなかった」（鳥越氏）という指摘もなるほどと肯ける。

ちなみに、南吉は学業成績は優秀であったが、その虚弱体質のために、人生において多くの挫折を味わっている。

中学校卒業後、岡崎師範学校（現・愛知教育大学）を受験するが、初日の身体検査で不合格となった。やむなく彼は、一学期だけの代用教員となって、自作の物語を子どもたちに読み聞かせしている。

また、一九三二年には東京外国語学校英語部に入学するが、教員免許取得に軍事教練が必修だったため、体力的に無理のあった南吉は教職を断念して、東京土産品協会という民間会社に就職する。が、まもなくして結核を発病したために、失意のまま故郷に帰ってくる。

帰郷後、健康を取り戻した南吉は、何とか教員免許を取得して、一九三八年四月より安城高等女学校に職を得て、

写真3　新美南吉の生家

教育と創作活動に没頭する。しかし、だんだんと病状が悪化して、一九四三年三月二二日に咽頭結核でこの世を去る。まだ二九歳の若さであった。

死後になって、彼と親交のあった巽聖歌（北原白秋門下の詩人）によって、原稿用紙やノートに埋もれていた大量の作品群が世に出る。もちろん、生前も宮沢賢治のように無名というわけではなく、一定の評価は受けていたが、こうした巽の努力なしには、今日のように日本を代表する児童文学作家として知られることはなかっただろう。

◆心のふれあい・かよいあいというテーマ

こうした南吉文学の背景はともあれ、南吉が追求したテーマが「生存所属を異にするもの同士の流通共鳴」、言い換えると「別の世界に生きる人たちの心のふれあい・かよいあい」にあったことは間違いない。

佐藤通雅氏は、特に初期童話に見られる共通性として「互いに孤絶した人物を設定し、その二者がいかに交流するかを描くというのが一貫した構想である」と述べている（佐藤前掲書、一〇八頁）。もちろん、すべての作品をそのテーマに結びつけることはできない。しかし、それが初期だけでなく、晩年の多くの作品の底を流れていることは疑いようのない事実である。

南吉作品の叙情性の核心は、このように「心のふれあい・かよいあい」というテーマにある。この問題は、現実の人間関係のなかで生きている読者の心情に訴える要素が強い。

・人間と動物（「ごんぎつね」「手ぶくろを買いに」）
・日本人と外国人（「張紅倫」）
・魔界と人間界（「巨男の話」）
・子どもと大人（「うた時計」「小さい太郎の悲しみ」）
・善人と悪人（「花のき村と盗人たち」「牛をつないだ椿の木」）
・都会と田舎（「嘘」「疣」）
・新しい時代と古い時代（「おじいさんのランプ」「最後の胡弓弾き」）

といった違いはあるが、異質な人物同士の「心のふれあい・かよいあい」が人間の真実として（多くの場合実現しないという否定的な真実として）描かれている。

◆悲しみをユーモアで包む

ただし、それだけでなく、主人公の悲しみや寂しさがしばしばユーモアを交えて語られるところに独自の味わいがある。テーマと文体の両面で豊かな叙情性が醸し出されているのである。

「ごんぎつね」にもユーモアを生み出す表現が多い。

・はちまきをした顔の横っちょうに、まるい萩の葉が一まい、大きなほくろみたいにへばりついていました。

・うなぎをふりすててにげようとしましたが、うなぎは、ごんの首にまきついたままはなれません。ごんはそのまま横っとびにとび出していっしょうけんめいに、にげていきました。

・窓の障子にあかりがさしていて、大きな坊主頭がうつって動いていました。

このことは、けっして「ごんぎつね」だけに見られるのではない。彼の作品の一つに「最後の胡弓弾き」がある。

> 木之助はすっぽりほっぽこ頭巾をかむって歩き出した。町の物音や、眼の前を行き交う人々が何だか遠い下の方にあるように思われた。木之助の心だけが、群をはなれた孤独な鳥のように、ずんずん高い天へ舞いのぼって行くように感ぜられた。

長く門附けをした味噌屋の主人が死んで、胡弓の聞き手が誰もいなくなったことを知った木之助が帰っていく場面である。彼は絶望的な疎外感に襲われているのだが、身なりは〈ほっぽこ頭巾〉に〈ゴムの長靴〉という〈変てこな恰好〉である。

こうした悲しさとおかしさが溶け合うことによって独特の叙情性が生まれている。単に悲しさ一色というのでは微妙な味わいに欠けてくる。「おじいさんのランプ」や「かげ」などの作品にもその傾向が顕著である。

こうしたユーモアの問題については、二の4でも述べることにする。

3　少年心理の追求――「自伝的少年小説」の世界――

南吉作品（特に「自伝的少年小説」と言われる後期の作品）は、子どもの内なる視点から見た世界の描写が的確で鋭い。読者はかつての生活経験（少年期の感覚や感情）が呼び起されて、思わず「なるほど」と共感を覚えるのである。

たとえば、子ども同士の日常のやりとりのなかで、突然相手がまるで別人のように見えるという場面が南吉作品によく出てくる。主人公がふと違和感や疎外感を味わう瞬間である。

「耳」という作品で、いつも友だちに大きい耳をいじられていた花市君が、ある時「いやだよ」とはっきりした声で拒絶する。子どもたちは呆然となる。


みんなには、そこにつったっていたのは、よく見知っている花市君ではなくて、どこか知らない遠い所から、きょう突然やって来た少年のように思われた。


こういう体験は、程度の差はあれ誰にも身に覚えがあるのではないだろうか。ふとした瞬間に相手がまったく別人に見えるというのは、子どもの変わりやすさ・移ろいやすさと言えばそれまでだが、むしろそれを敏感にキャッチできる子どものナイーヴな心性を表している。

また、先に述べた「生存所属を異にするもの」の心のふれあい・かよいあいというテーマと関わって、南吉は大人と子どもの断絶という問題も追求している。

たとえば、「小さい太郎の悲しみ」という作品では、ある日、車大工の安雄の家に遊びに行った太郎が、おじさんから「うちの安雄はな、もう今日から、一人前の大人になったでな、子供とは遊ばんでな。子供は子供と遊ぶがええぞや」と突き放すように言われて、絶望的な心境になる。

> しかし大人の世界にはいった人がもう子供の世界に帰って来ることはないのです。安雄さんは遠くに行きはしません。同じ村の、じき近くにいます。しかし、きょうから、安雄さんと小さい太郎はべつの世界にいるのです。いっしょに遊ぶことはないのです。

確かに、一緒に遊ぶということは〈子どもの世界〉に属することの証明である。そこからの離脱は実は重大な意味を持っている。これはいかにも子どもらしい感覚である。ふだんはあまり意識されない子どもと大人の境界に目を向けたところに新鮮なリアリティが生まれている。本来なら、子どもの世界と大人の世界にそれほどの隔絶はないのかもしれない。が、南吉にとっては、両者は「それぞれの存在」として、越えがたい壁があったのである。

このように、大人の感覚では捉えられないような少年心理の機微を描き出している点が南吉文学の大きな魅力である。

二 「ごんぎつね」の構成と文体の巧みさ―奥行きの深さを味わう―

では次に、南吉の代表作である「ごんぎつね」の面白さや魅力について見ていくことにしよう。ドラマチックな展開、感動的な結末、民話的な語りなど、私たちの心を揺さぶる作品の魅力を五項目に分けて詳しく述べる。

1 起承転結の構成―ドラマチックな展開―

新美南吉の童話は、起承転結が明確で、ストーリー性に富んでいると言われる。実際、読者を物語の世界に引き込んでいく仕掛けが見事である。

「飴だま」という幼年童話がある。渡し舟のなかで、幼い姉妹が一つの飴玉をせがんで駄々をこねる。すると、それまで居眠りをしていた侍が刀を抜いて近づく。母親は真っ青になって子どもをかばう。ところが、侍は刀で飴玉をぱちんと半分に割って分けてやる。

そして、また居眠りを始める……というストーリーである。これは起承転結、つまり「冒頭・展開・山場・結末」という古典的な筋立てがぴったりとあてはまる。実に巧妙な構成である。（詳しくは拙論「文学教材の読解指導を超える～「あめ玉」はなぜ五年生の教科書に載ったのか～」『言語技術教育21』二〇一二年、明治図書を参照。）

◆わかりやすさは童話の原点

「ごんぎつね」は、南吉童話のなかでも特に構成が巧みである。

まず冒頭で、時代や場所や人物などが説明される。

その後、〈ある秋のことでした〉からストーリーが展開していく（起）。〈うなぎ〉事件が起こり、兵十のおっかあが死んだこと、兵十が自分と同じ境遇になったことを知ってから、ごんはつぐないを始める（承）。

そうして、その行為がさらにエスカレートしていく。物語の山場を迎えるのが、六の場面である。ごんがとうとう兵十に見つかってしまうのである。ここで緊張感がいっぺんに高まり、事件が急展開する（転）。

兵十がごんを撃った直後に、「ごん、お前だったのか。いつも栗をくれたのは」と気づくところが、クライマックスである。痛恨の思いで取り落とした火縄銃から、〈青い煙がまだ筒口から細く出ていました〉と余韻を残して、物語の幕は静かに閉じられる（結）。

大変にわかりやすいストーリーであり、読者をハラハラドキドキさせるという巧みな物語の展開となっている。先にも述べたように、南吉自身、童話における「物語性」を重視していたが、実は、これは南吉文学のテーマとも関連している。別の世界に生きる人物同士の関係は対立・矛盾・葛藤が伴っている。こうした二つの人物・性格・勢力のせめぎあいが事件を引き起こし、それがドラマ性を高めていく。

だから、読者はハラハラドキドキするのである。作品によって、対立が解消して事件が解決する場合もあれば、逆に対立が破局をもたらして終わるという場合もある。ごんと兵十の物語はその両面を包み込んで成立しているドラマと言える。

また、「わかりやすさ」という点も南吉は重視していた。自筆の日記を見ると、「子供には分りにくい所が多い」という理由で、トルストイの「愛のある所に神ゐます」という作品に低い評価を与えている（『昭和四年自由日記』二月一八日）。

「わかりやすさ」は童話の原点なのである。

2　物語の視点―ごんの視点から兵十の視点へ―

物語の構成と関連して、視点の設定についてもふれておきたい。「ごんぎつね」は、六の場面の途中までは語り手がごんによりそい、重なりながら語っている。そのため、読者は、ごんの行為や様子はもちろん、その思いや気持ちを手にとるように理解することできる。

○語り手がごんによりそって語っている例

・二、三日雨がふり続いたその間、ごんは、外へも出られなくて穴の中にしゃがんでいました。

・ごんは、おねんぶつがすむまで、井戸のそばにしゃがんでいました。

○語り手がごんに重なって語っている例

・ごんは、うなぎのつぐないに、まず一つ、いいことをしたと思いました。

・ごんは、へえ、こいつはつまらないなと思いました。

ところが、〈そのとき兵十は、ふと顔をあげました〉から視点が転換して、語り手が兵十の側から語るという仕組みになっている。

○語り手が兵十によりそって語っている例

・兵十は、立ちあがって、納屋にかけてある火縄銃をとって、火薬をつめました。

○語り手が兵十に重なって語っている例

・こないだ、うなぎをぬすみやがったあのごんぎつねめが、またいたずらをしに来たな。

読者はここで、兵十から見るとごんはただの〈ぬすっとぎつね〉にすぎなかったということを知って、両者の間の深い断絶を再認識させられることになる。

これを最初に指摘したのは、文芸学者の西郷竹彦氏である。

西郷氏は、「なぜ作者は、ここで、ごんの視角から兵十の視角へ切り換えたのだろうか」という問題を、「視角の転換によって、読者は、視角の転換がないときに比べて、どのように、その体験のしかたがちがってくるか」という形で捉え直して、次のような結論を導き出している。（ここでは「視角の転換」を「視点の転換」と言い換える）。

もしも、視点の転換がなかったとしたら、相変わらず兵十の内面が描かれないために、それまでごんの立場から「ともによろこんだり、かなしんだり、くやしがったり」してきた読者は、「兵十のしわざをうらみ、兵十を『悪者』にしてしまう」ことになる。そうなると、この物語は「殺されたがわだけの悲劇」となってしまう。

ところが、視点の転換によって、読者は初めて、それまでの「兵十のはげしいいかりとにくしみの心」がわかり、「兵十の身になれば、それも無理ない、しかたないことだったんだな」と納得できる。つまり、この物語は「ごんの悲劇であるだけでなく、兵十その人の悲劇でもある」ということが理解できるのである。

こう見てくると、視点の転換は、「おたがいにひとりぼっちでおなじような境遇にある人物同志《（ママ）》であり、したがって、本来ならばおたがいにわかりあえる間がらでありながら、にもかかわらず、たがいに殺し殺されるというかたちでしか心のかよいあえなかったいたましい悲劇への語り手の痛恨」というテーマを効果的に表現していると言える。（西郷竹彦『教師のための文芸学入門』一九六八年、明治図書、一五八～二〇一頁）

以上は、この作品の本質的な意味を捉えるうえで学ぶところが多い。特に、視点の転換がテーマと密接に関わっているという指摘は卓見である。

この物語の悲劇性は、ごんの悲劇であると同時に兵十の悲劇でもあるという二重の意味での悲劇性であったのである。このように視点をふまえて読むことによって、「ごんぎつね」の文学的感動はさらに高まるだろう。

3　感動的な結末―物語における「悲哀」と「愛」―

新美南吉は、1で述べたように「物語性」を重視していたが、特にそこに「悲哀」の要素がないといけないと考えていた。一六歳のときの日記にこう書いている。

やはり、ストーリイには、悲哀がなくてはならない。悲哀は愛に変る。けれどその愛は、芸術に関係があるかどうか。よし関係はなくても好い、（愛が芸術なら好いけれど）俺は、悲哀、即ち愛を含めるストーリイをかこう。

（一九二九年四月六日）

「ごんぎつね」もまさに「悲哀」と「愛」の交錯した物語である。ただし、ごんが兵十に撃たれるという事実を読むだけでは、それを十分に味わうことができない。
ここでは、主に結末部分における文学形象（読者に具体的なイメージを呼び起こす語句や表現）に着目して、物語に隠された悲劇の本質をさらに深く読み解いていこう。

（1）〈兵十のかげぼうしをふみふみいきました〉の解釈

兵十が加助に栗や松茸の話を打ち明けた場面に、次のような表現がある。

ごんは、二人の話をきこうと思って、ついていきました。兵十のかげぼうしをふみふみいきました。

ここは一般に、自分の行為（あるいは好意）に気づいてもらいたいごんが、期待を込めて話の続きを聞こうとしている姿として理解されている。しかし、それだけでは〈兵十のかげぼうしをふみふみいきました〉という行為をうまく説明することができない。

たとえば、西郷竹彦氏は次のように述べている。

ごんが兵十のかげぼうしをふみふみいったというのは、「かげぼうしのところは暗くてみえないから」と考えてしたことではないでしょう。また「兵十と、ともだちになりたいから」と思ってしたのでもないでしょう。こっちのかげは加助、こっちは兵十のだと、わけて考えているのでもないでしょう。（中略）なによりも、ごんは、兵十がどう思っているのかそれを知りたいのです。その気持ちがいつのまにかふたりの近くにまでよってしまっているのです。

（西郷前掲書、一五〇〜一五一頁、傍点は原文）

西郷氏の読みは、〈兵十のかげぼうしをふみふみいきました〉を「無意識な行動」とするところに特徴がある。それを積極的・意図的な行為と考えないのである。これも一つの解釈であって、否定はできない。しかし、私は〈ふみふみ〉という表現にごんの意志を感じる。もし「兵十がどう思っているのか」を知りたいのであれば、わざわざそんなことをしなくても、黙って後をつけていくはずである。語り手も特別にそういう語り方はしないはずである。

北吉郎氏は、次のように言う。

ここには、兵十との一体化（結びつき）を希求している主人公の姿が描かれている。このような一体化への願望は、〈つぐない〉意識にはそぐわない。

（『新美南吉「ごん狐」研究』一九九一年、教育出版センター、一二五頁）

北氏は、「ごんぎつね」を「〈つぐない〉から〈求愛〉へ変容していく作品構造」として捉える立場から、この場をごんの求愛行為（片思い）の表れと解釈している。

こうした読みはすでに岩沢文雄氏が提出している。

作品「ごんぎつね」は、求愛のうただ。うたの美しさは、孤独な魂が愛を求めて奏でる、哀切のひびきの美しさだ。この魂は、われを忘れて真直ぐにゆく魂だ。それは己の性を忘れ、それを超えようとするほどに、いじらしく優しく、そしてひたむきだ。

（『文学と教育　その接点』一九七八年、鳩の森書房、一六三頁）

◆「ごんぎつね」は愛の物語

たしかに、心を寄せる人間のかげぼうしを踏むことしかできないというのは、一方的な求愛行為の一種である。本当は一緒に並んで歩きたいのに、そうした隠れた行為をせざるを得ないというのは何とも寂しく切ない。

しかし、片思いとは、とかくそういう行為で自分を慰めるしか方法がないものである。そして、そのこと自体に喜びや満足を見出すという面もないではない。大人の読者にはそれぞれに思いあたることがあるはずである。もともと兵十の家に栗や松茸をせっせと持っていくということも、よく考えてみれば、プレゼントで相手を喜ばせようとする求愛行為の一種である。

〈ふみふみいきました〉という意図的な行為の継続には、ごんの兵十に寄せる思いの深さ、親愛の情、心のかよいあいを求めようとするいじらしさ、ひたむきさが表れている。この時点で、ごんは兵十に対して〈つぐない〉以上の感情を抱いていると解釈することができる。

この〈ふみふみ〉をめぐっては、「ふみながら」と比べることによって、ごんのイメージがより明確になるだろう。〈ふみふみ〉の方が積極性や一途さが強く表現されるのである。川野理夫氏の授業では、次のような子どもの発言がある。

ごんの毎日は、もう前とすっかりかわって、兵十のためにつくすことだけだったがね。かげぼうしでもいいから、兵十といっしょにいたいんだと思うよ。それで、一つだってふみはずせばもったいないから、〈ふみふみ〉いくんだと思うよ。

(『教師の読み「ごんぎつね」』一九八六年、あゆみ出版、一三八頁)

ごんが兵十との一体感を求めているという深い読みである。そして、これが最後の六の場面へとつながっていく。

最近の授業では、同様の観点から、小野美和氏（茅ヶ崎市立柳島小学校・当時）がこの場面を取り上げている。まず、兵十役と加助役の児童を前に立たせて、その後ろにごん役の児童を座らせて、かげぼうしの長さを確認している。

T　けっこう近いよね。（中略）ふみふみってどんな感じかな？
C　一歩一歩って感じ？
T　うん、ふみふみ歩いたことある？　ふみながら、じゃなくて。
　この時、ある男の子が
C　あるある。駅とか歩いていて道にレンガとかあったら、ぴょんぴょん選んで踏んでいく。
C　あ～、好きな色だけ踏むとか、やるやる。
T　わかるよ！　先生もね、赤いのだけ選ぶとか、逆に線を踏まないようにとか考えて歩くときあるよ。そういう時なんかわくわくするっていうか、楽しくない？（あ～と子どもたちが納得した声をもらした）ふみながらと、いうと、何かをしながらついでにっていう感じだけど、ふみふみは、自分で選んで踏む、っていう意味になるんだよね。（中略）

T　なんでごんは加助ではなく兵十のかげぼうしを踏んだの？

C　それは兵十が好きだから。好きな人のかげを踏んだらうれしい。

（「ごんぎつね駆ける～三十年目のごん～」二〇一八年、私家版）

大変に興味深い実践である。ごんの行為を子どもたちの既有知識や生活経験と結びつけることによって、ごんの心情を〈わがこと〉として実感的に理解している。

なお、小野氏は初任のときに「ごんぎつね」の授業に取り組み、「惨憺たる」結果に終わる。それ以来、さまざまな文献に目を通して授業の構想を練り、平成最後の年に四年生担任となり、満を持して「ごんぎつね」に取り組んだのである。「ふみふみ」以外でも注目すべき実践成果が多く見られる。

（2）六の場面の解釈（その1）

「ごんぎつね」のストーリーが最大の盛り上がりを見せるのは、最後の六の場面である。読者が胸を打たれるのもこの場面である。

> そのあくる日もごんは、栗をもって、兵十の家へ出かけました。

斎藤喜博氏は、ある授業のなかで、この場面の〈あくる日も〉に込めらた意味を深く考えさせるために、次のような「たとえばなし」をしている。

自分では一生懸命やったんだけれど、相手が反対に考えて悪口をいうときがある。そんなとき、さびしいなあと思うことがあるね。だけども、そういう人も世の中にはいるんだ、仕方がないと思って、自分でもみ消して、またやることがある。

（『介入授業の記録・中』一九七七年、一莖書房、四五頁）

斎藤氏は、ここで、ごんが「つまらないなという気持」や「さびしい気持」を「押しつぶして」行動していると解釈している。その前提に立って、ごんの心情を共感的に理解させるために、こうした「たとえばなし」をしたのである。ここには、わかってくれなくても「仕方がない」というあきらめの気持ちが含まれている。

一方、この場面は「いまはわかってくれなくても、いつかは……」というかすかな希望も含まれていると解釈することもできる。しかも、作品論的に見ると、そうした願いもむなしく銃で撃たれてしまったという悲劇的な結末に、心のふれあい・かよいあいの難しさというテーマが濃厚に表れている。これに対して、「わかってくれなくても仕方ない」というニュアンスを持つ解釈では、没我的なひたむきさ、無償の善意という点が一面的に強調されてしまうおそれがある。

もちろん、気持ちの切り替えというレベルでは、その「たとえばなし」は適切であった。兵十と加助の話を聞いて「へえ、こいつはつまらないな」「おれは引き合わないなあ」と落胆したごんは、次の日にはまた気持ちを新たにして栗を持っていったに違いないからである。しかし、テキストとの整合性という点では、子どもの解釈を促すべき「たとえばなし」のなかに、かすかな希望といったニュアンスも含めるべきだったと思う。

◆〈あくる日も〉に込められた意味

〈あくる日も〉は、本当に意味の深い言葉である。

岩沢文雄氏は、「こいつはつまらないな」といっていながら、どうして〈あくる日も〉出かけていくのかという問題について、次のような解釈を提示している。

①生来ののんきさ、単純さ。
②ひとりぼっちのわびしさに耐えられなくて。
③申し訳ないという思いがやっぱり強くて。
④いつかはわかってくれるだろう、やっぱりわかってもらいたいというねがいにひきずられて。
⑤兵十と仲よくなりたい、お礼は言ってもらえなくても兵十に尽くしたいのだという思い、尽くしたいという人を得た喜び、己のなすべきことをつかんだ者の喜び、目覚めた愛情またはやるせない求愛の情につき動かされて。

岩沢氏は、ここでも、先に述べたような「求愛のうた」という観点から、「①②③④のすべてを含みつつも（中略）やはり⑤だったのだろう」と結論づけている（岩沢前掲書、二七八～二七九頁）。

◆〈あくる日も〉をめぐる子どもたちの追求

石井順治氏の授業でも、この問題が正面から追究されている。子どもたちからは

・「本当に神様にお礼をいうか確かめたかった」（後で否定）
・「つぐないをしようと思って」（後で否定）
・「少しでも兵十を喜ばしてあげたい」
・「くりを持って来たのはごんだとわかってもらいたい」
・「自分の心が兵十に通じてほしかった」
・「自分と同じひとりぼっちの兵十と友達になりたかった」

といった意見が交流された結果、

・「神様だといわれても喜ばせたいと、わかってほしいを合わせたらいいと思います」
・「ごんの気持ちがふくざつだからです」

といった感想が出されている（『子どもとともに読む授業』一九八八年、国土社、一四六～一六三頁）。一部、先の岩沢氏の解釈と重なるところもある。いずれにしても、ごんの心は複雑なのである。

この〈あくる日も〉という何気ない表現にこれだけの豊かな意味があるということは驚くべきことである。テキストの語りかけに対して、読者が自らの既有知識・経験に基づいてさまざまな答えを繰り出していくからである。まさしく、ごんの心を今日的に生き直すという行為である。

もちろん、先に見てきたように、その答えは複合的であり、どれか一つではとても言い尽くせない。しかし、いずれの場合も、そうしたごんの心情（兵十への思い）が直後に起こる惨事を招いたという事実を考え合わせることによって、「ごんぎつね」の「愛」と「悲哀」は一段と強く認識されるに違いない。

(2) 六の場面の解釈（その2）

兵十はかけよってきました。うちの中を見ると土間に栗が、かためておいてあるのが目につきました。「おや。」と兵十は、びっくりしてごんに目を落としました。

a〈家の中を見ると〉の解釈

ここに〈家の中を見ると〉という一節がある。もちろん兵十が主語である。そこには、「家の中は荒らされていないか、何か被害はないか」といった兵十の疑いあるいは確かめの気持ちが表されている。

それまでの兵十のごんに対する見方を知っている読者にとって、これは整合性・妥当性の高い解釈と言える。ごんは村でも札つきのいたずら狐であり、村人(兵十)にもその名を知られていたからである。〈家の中を見ると〉という一節には、銃撃後の兵十の関心の所在が端的に示されているのである。

向山洋一氏や大森修氏は、授業を通してこの点をさらに掘り下げている(向山洋一『国語の授業が楽しくなる』一九八六年、明治図書、四九〜五九頁、大森修『国語科発問の定石化』一九八五年、明治図書、一八〜二二頁)。ともに、それまでの授業の多くが、ごんを撃ったあとの兵十の気持ちとして、「やった」「とうとうやっつけたぞ」といった「表現から遊離した思い入れ読み」による発言を認めていることを批判する。つまり、勝手な想像だというわけだ。

そして、「兵十はどんな気持ちだったか」という発問に代わって、次のような発問を投げかけることによって、文章に即した読みをさせようとした。

「兵十は、かけよってきましたね。何を考えて、どこを見たのでしょうか?」

この発問に対して、大森学級の子どもたちは、「またいたずらされたのではないかと考えて、まず、家の中を見た」と的確に答えている。

「またいたずらをされたのではないか」という兵十の懸念や心配を捉えることは、「ごんぎつね」の読みにおいてきわめて重要である。そのときの兵十は、「ごんのことは眼中になかった」という点が、この作品のテーマを強調するとともに、その悲劇性を高めているからである。

それまでの両者の心の断絶・疎隔が、ごんよりも家の中のことに関心を持つという厳然たる事実―ごんを〈ぬすっとぎつね〉と見ていた兵十にしてみれば当然の行為である―に象徴的に示されているのである。

したがって、このような解釈は作品の本質に迫っていくだろう。

b〈栗が、かためておいてある〉の解釈

いつのことかは思い出せないが、筆者が「ごんぎつね」を初めて読んだとき、この〈栗

が、かためておいてある〉という表現に目がとまり、心を打たれた記憶がある。やさしさを取りもどしたごんの愛情あふれる行為である。

この一節をめぐっては、これまでにも多くの研究者や教師が、ごんの心情がよく表れた行為であるとして取り上げている。いくつかの解釈を示してみよう。

A

なによりも、「かためておいてあるくり」の形象は、ぞんざいに、そこいらになげだしたりしないようなこまやかな心づかいのある、ごんの性格をよくあらわしています。それを兵十の眼を通してみるわたしたちには、いじらしいかぎりです。なにか、かたみになってしまったものを見る思いがします。

（西郷竹彦前掲書、一七一頁）

B

この場面のごんは、引き続き善意の償い（その上それは善意の思い過ごしによるものでさえある）をしているのだ。しかも戦々兢々としながら、その寸秒を争う危機の中にあって、なぜくりを固めて置くのか。それは、兵十への愛の証し、寄せる想いの熱さ、尋常ならざる兵十への心づかいであるに違いない。私は、長くそう思い、そう信じ、子どもをそのように変容させてきた。ところがである。ある教室で「投げこんだら音がする。音がすれば殺されるからだ」と答えた子があった。（中略）私は鉄槌をくらった感じがした。この子どもの解釈は、危機場面のごんの心のうちをリアルにとらえている。甘っちょろい感傷に溺れていない。音がすれば殺されるからだ！　成程、その解の方が深い。

（野口芳宏「『栗を固めて置いた』のはなぜか」『教育科学国語教育』No.332、一九八四年五月号、八三頁）

C

こんどな、早うな、兵十にな、赤いさつまいものようになってな、このくりも食べて元気になってくださいという気持ちでな、このくりをかためて置いてあったんじゃないか。

（佐古田好一『子らのいのち輝く』一九八〇年、部落問題研究所、五三頁）

このように、実に多様な解釈が試みられている。〈かためておいてある〉という表現は、読者に対してさまざまな呼びかけをしてくるのである。読者は、自らの生活経験レベルの知識や感情や感覚を総動員して、〈かためて〉置くときのごんの心情を理解しようとする。右にあげた読みはその結果である。

いずれも決定的なものでないことは言うまでもない。それが文学解釈の特徴だからである。しかし、それだけ自己の主体を通した読みということができる。どれもこの場面におけるごんの胸中を切実に捉えている。

◆〈かためて〉をどう解釈すべきか

ただし、ごんの兵十に対する思いの深まりという点から見ると、Aは、ごんの性格という静的な要素が強調されすぎていること、Bの後半（音がすれば殺されるからだ）は〈土間に栗がかためておいてある〉という状況から見てその必然性が弱いこと（それほどの危機意識があれば家の中には入らないはずである）が少し気になる。

ここは、むしろ、先の〈兵十のかげぼうしをふみふみ行きました〉と関連づけて考えてみると、〈かためて〉置くという行為に、ごんの兵十に寄せる並々ならぬ思いが込められていると解釈すべきだろう。〈一人ぼっち〉という同じ境遇にありながら兵十と対話のできないごんが何とかして意思疎通を求め、仲間を求め、ふれあいを求めようとする行為として理解したい。

しかし、先に見てきたように、兵十にしてみればごんはただの〈ぬすっとぎつね〉であって、銃撃後の彼の関心の所在は、ごんにはなく家の中にあったのである。ここに、両者の断絶の大きさを実感するとともに、この作品の悲劇の大きさを改めて思い知らされることになる。

4　語り口の特徴―民話的な語り―

「ごんぎつね」は、〈これは、私が小さいときに、村の茂平というおじいさんからきいたお話です〉で始まる。村の古老から聞いた話という設定になっている。したがって、語り口も民話的な要素を残している。このあたりも「ごんぎつね」の魅力となっているのかもしれない。詳しく見ていくことにしよう。

「ごんぎつね」に限らず、南吉作品の特徴が民話的な文体にあるという指摘は多く見られる。たとえば、浜野卓也氏は「民話的メルヘン」と呼ばれる晩年の作品群について次のように述べている。

主人公のほとんどが老人、または老人となるまでの歳月がえがかれ、あるいは老人の口を通して肉親である子どもたちにむかって、あるいは、こども《（ママ）》である一般読者にむかって語られるということもまた、伝承的民話の語り口に近いといえるだろう。（中略）民話の文体は、語りの文体である、語りは、炉辺において、親から子へ、子から孫へとつがれていく。（中略）南吉が好んでかいた美しい郷土という空間において、今→昔→今と、回想的に語られる時間のなつかしさは、やはり民話的文体というべきだろう。

（『新美南吉の世界』講談社文庫、一九八一年、一二九〜一三〇頁、傍点は原文）

浜野氏はこう述べて、そこに見られる具体的な表現方法として、「敬体」「短いセンテンス」「叙事による書き出し」「擬態語・擬音語」「ユーモア」「繰り返し」などをあげている。初期に書かれた「ごんぎつね」にも、これらの指摘があてはまる。

・〈茂平というおじいさん〉が小さい頃の〈わたし〉に語って聞かせたという設定
・「今→昔」という回想的視点によって〈わたしたちの村の近く〉の伝承を敬体によって語る手法

・四の場面や六の場面に見られるセンテンスの短さ
・〈その中山から、少しはなれた山の中に、「ごんぎつね」というきつねがいました……〉とすぐに物語に入っていく手法
・〈きんきんひびいていました〉〈ぽんぽんなげこみました〉〈「とぼん」と音を立てながら〉〈うなぎは、キュッといって〉〈ぬるぬるとすべりぬけるので〉〈何かぐずぐず煮えていました〉〈カーン、カーンと鐘が鳴ってきました〉〈チンチロリン、チンチロリンと松虫が鳴いています〉〈ポンポンポンポンと木魚の音がしています〉〈ばたりとたおれました〉などオノマトペ（擬音語・擬態語）の多用
・兵十の顔に萩の葉がへばり付いている様子やごんの首に鰻が巻き付いた様子などに見られるユーモア
・〈ごんは……〉〈兵十は……〉をはじめとして〈兵十のお母〉〈いわし〉などの語句の反復（主語省略や代名詞を使わずに繰り返す）

これらは、村人が肉声で語り伝えてきた話という条件にかなった表現方法である。

ここでは、そうした語り口の特徴のなかから、「ユーモア」と「繰り返し」について少し詳しく述べてみよう。

（1）ユーモア

ユーモアは、南吉文学を語るときに欠かすことのできない観点である。西郷竹彦氏によると、ユーモアとは題材や人物（行動）自体の「おもしろさ」でもないし、語り方の「おもしろさ」でもない。それは「ある題材がどのような語り方で語られるかという両者の関係が生み出す効果である。これは「語られる内容と話者の語り方の間に生れるある『ずれ』の効果」といえる。「平凡なあたりまえのこと」をいわくありげにまじめに語る、「こっけいなこと」を深刻に語る、「悲愴なこと」を他人事のように語る……といった語りのレベルの問題である（『西郷竹彦文芸教育著作集5』一九七八年、明治図書、二二九～二四一頁）。

また、西郷氏は、ユーモアを「人物と読者の関係」という観点からも説明している。これは、人物を「異化」する（外側から眺める）という文芸体験のあり方、別の表現を使えば「人物は知らないが読者は知っている」という仕組・仕掛の問題と関わっている。つまり、人物と読者との「ずれ」や「認識のくいちがい」がユーモアを引き起こすというのである（『西郷竹彦文芸教育著作集別巻Ⅰ』一九八一年、明治図書、一七三～一七四頁）。

「ごんぎつね」では、次の場面がそれにあたる。

うなぎは、キュッといって、ごんの首へまきつきました。そのとたんに兵十が、向うから、「うわァ、ぬすっとぎつねめ。」と、どなりたてました。ごんは、びっくりしてとびあがりました。うなぎをふりすててにげようとしましたが、うなぎは、ごんの首にまきついたままはなれません。ごんは、そのまま横っとびにとび出して、いっしょうけんめいに、にげていきました。

当の人物は必死になって行動しているにもかかわらず、読者の目からは滑稽に見えるという場面である。一般に、(事情を知らない)人物がまじめに考えたり行動したりするほど、(すでに事情を知っている)読者はおかしさを感じることになる。芝居や落語を見て感じる面白さと同じ構造である。

このように、西郷氏は「語る内容と語り方の関係」「人物と読者の関係」という二つのレベルでユーモアを説明している。究極的には、それは矛盾やずれが生み出す「文芸の美」である。わかりやすく料理の例でいえば、甘みと辛みがほどよく混ざり合って醸し出される「風味」とでも考えればいいだろうか。甘いだけでも辛いだけでも味わいに欠ける。

ユーモアも「文芸の美」の一つである。「異質な矛盾するもの」が一つにとけ合っていることが「おもしろさ」であり「味わい」であるというのである（西郷竹彦「文芸における美」『文芸教育』No.56、一九九一年、六〜八頁）。

とすれば、先にあげた場面のユーモアは、さらに最後の場面の悲劇性（異質な矛盾するもの）と一つにとけ合うことによって、「ごんぎつね」の面白さや味わいとして体験されることになるだろう。

(2) 繰り返し

ユーモアとともに、一つのことを繰り返し語るということは民話の特徴である。「むかし、むかし」に始まり、「おじいさんは……、おばあさんは……」と語っていくなかで、自然と心地よいリズムが生まれていく。

「ごんぎつね」でも反復表現・語句が多く用いられている。

「ははん、死んだのは、兵十のお母《つかあ》だ。」
ごんはそう思いながら、頭をひっこめました。

その晩、ごんは、穴の中で考えました。

「兵十のお母は、床についていて、うなぎが食べたいと言ったにちがいない。それで兵十がはりきり網をもち出したんだ。ところが、わしがいたずらをして、うなぎをとってきてしまった。だから、兵十は、お母にうなぎを食べさせることが出来なかった。そのままお母は、死んじゃったにちがいない。ああ、うなぎが食べたいとおもいながら、死んだんだろう。ちょッ、あんないたずらをしなけりゃよかった。」


このように〈お母《つかあ》〉という言葉や〈うなぎが食べたい……〉という言葉が繰り返されることによって、「そのことにこだわる人物の心理」が浮き彫りにされている。ごんの思いこみの強さが表れているのである。

一方、そうした反復表現によって、読者の心のなかにはその言葉が重く響き、少しずつ沈潜していく。その過程で、ごんの反省と償いの心情を追体験していくことができるのである。

〈一人ぼっち〉のごんも、今は亡き自分の母親に思いを馳せているのであろう。そして、それを南吉の姿に重ねてみることも十分に可能である。

> つぎの日には、ごんは山で栗をどっさりひろって、それをかかえて、兵十の家へ行きました。裏口からのぞいてみますと、兵十は、昼飯をたべかけて、茶椀をもったまま、ぼんやりと考えこんでいました。へんなことには、兵十の頬ぺたに、かすり傷がついています。どうしたんだろうと、ごんが思っていますと、兵十がひとりごとをいいました。（中略）ごんは、これはしまったと思いました。「かわいそうに兵十は、いわし屋にぶんなぐられて、あんな傷までつけられたのか。」

ここには〈兵十〉という言葉が何度も繰り返されている。代名詞の使用や主語の省略がまったく見られない。ごんがいかに兵十にこだわっているかということがわかる。おそらく、ごんの目に映るものは兵十以外にはなかったのだろう。それほどまでに兵十に対する関心と思い入れは深いのである。ここでも、「兵十は……、兵十は……、兵十は……」というごんの心の叫びが読者の内部に沈潜していくのである。

こうしたごんの内面が、さらに場面ごとの「繰り返し」（償いの行為）によって強調されることによって、私たちは結末の悲劇の大きさを痛感することになる。

なお、以上で述べてきた語り口の特徴だけでなく、民話的な設定ということも作品のテーマ（同じような境遇にありながら対話の関係が断たれている人物同士が互いに撃ち撃たれるという形でしか理解し合えなかったという悲劇）と深く関わっている。つまり、穏やかで自然豊かな農村社会を舞台にして悲劇が起こったということ、さらに〈おじいさんからきいたお話〉であったということ（この土地で起こった出来事だったということ）は大きな意味を持っている。いずれも聞き手（読者）に身近さを実感させることによって、「ごんぎつね」の悲劇性を強調しているからである。

家庭に小さな子どもがいる読者なら、こうした民話的な語り口の特徴を生かして、音読や読み聞かせをするとよいだろう。これによって、語りの力を復権していくことになる。黙読だけでなく、「語る」「聞く」という活動をもっと重視してよいだろう。

この点については、もともと南吉自身が、童話の「物語性」を重視していたことも付け加えなければならない。「作品を読み聞かせる」ことによって、「作家の口から出て来る息吹きのこもった言葉をきく」ことを主張していたのである。

なお、南吉が最初に書いた草稿「権狐」は、書き出しが次のようになっていた。

茂助と云ふお爺さんが、私達の小さかつた時、村にゐました。「茂助爺」と私達は呼んでゐました。茂助爺は、年とつてゐて、仕事が出来ないから子守ばかりしてゐました。若衆倉の前の日溜で、私達はよく茂助爺と遊びました。私はもう茂助爺の顔を覚えてゐません。唯、茂助爺が、夏みかんの皮をむく時の手の大きかつた事だけ覚えてゐます。茂助爺は、若い時、猟師だつたさうです。私が、次にお話するのは、私が小さかつた時、若衆倉の前で、茂助爺からきいた話なんです。

（『校定新美南吉全集第十巻』一九八一年、大日本図書）

昔から語り伝えられてきた物語であるということがより明確かつ具体的な形で示されている。そして、実は、このことがもっと大きな意味をもつことになる。次で見ていくことにしよう。

5　伝承の物語―ごんが村人に受け入れられる話―

この物語では、最後の場面で、ごんと兵十は本当にわかり合えたのかということが必ず問題になる。

「ごんぎつね」の本文では、「ごん、お前だったのか。いつも栗をくれたのは」という兵十のせりふに続いて、〈ごんは、ぐったりと目をつぶったまま、うなずきました〉となっている。これだけでは何とも言いがたい。

もちろん、ごんが栗や松たけを持ってきてくれたということは理解されたであろう。また、おっかあの死後、その行為が毎日続いているということを思い起こせば、うなぎ事件の〈つぐない〉として持ってきたのかもしれないというところまでは理解されたかもしれない。

しかし、同じひとりぼっちになったことに共感して、仲間を求めようとしたこと〈求愛行為〉まではわからないだろう。「ごんの思いのすべては理解しようがない」のである。このままでは、ごんの死をもってしても「心のふれあい・かよいあい」が実現しなかったという意味で、やはり悲劇の物語で終わるということになってしまう。

しかし、草稿「権狐」を見ると、〈権狐は、ぐつたりなつたまゝ、うれしくなりました〉となっている。これだと、それまでのごんの行為や思いが伝わったから〈うれしく〉なったのだと解釈できる。その意味では、ハッピーエンドの物語とも読める。

この点に注目した研究者は、「ごんぎつね」のストーリーに別の展開を考えている。たとえば田中実氏は、この物語のストーリーはごんが死んでから始まるのだと述べている。田中氏によると、この物語は、近代小説のように、「他者性の深さ」（人とふれあうことができないこと）などと読んではならないという（田中実・須貝千里編『これからの文学教育のゆくえ』二〇〇五年、右文書院、四四一～四四三頁）。ごんは死んで、兵十の心のなかでようやく安らかに生き続けるからである。つまり、それは「分身関係」にあるごんと兵十の物語であり、事情を知った兵十が村人にごんのことを語り始める、そして、それを聞いた村人がさらに次世代の村人たちに語り聞かせていくという伝承の物語なのである。

また、小学校教師の浜上薫氏は、ある研究会の模擬授業で、冒頭の三行に見られる語り手の伝承機能に着目して、この物語が「ごんの物語」から「兵十の物語」へと転換するということに気づかせようとした。これまでの小学校の授業では、ほとんどが「ごんの物語」で完結していた。そこからの脱却を図ったのである。

浜上氏は模擬授業のなかで、「悲劇で終わらないように兵十がしたと考えられることを二つ書きなさい」と問いかけた。大変にすぐれた発問である。

解答例としては、

①村のなかにごんの墓を作る。

②ごんのことを村人に伝える

といったことが想定されている。いずれにしても、「ごんが村人に受け入れられた話」ということに気づかせようとしている。単に「このあとどうなったでしょうか。続き話を書きましょう」と言って後日談を書かせる指導とは違うところだ。

ちょうどその研究会に参加していた田中実氏も、浜上氏の問題提起を「語り」論の点から高く評価していた。兵十がこの話を最初に語り始め、それを聞いた村人が後世に語り継いできた話であるという点がこの物語の大前提というわけである。

このように、多くの語り手が代々語り継いできた話であるという点に注目すると、「ごんぎ

写真４　岩滑小学校にある「権狐」の石碑

つね」は、けっして「ごんが死んだ悲しい話」というのではなく、「ごんが村人に受け入れられた話」「ごんのすばらしさをずっと語り伝えてきた話」ということになる。読者はホッとして、心のカタルシス＝浄化を得られるだろう。一部に、どうにも悲しくて絶望的な話だという評価もあるが、けっしてそんなことはないのである。

三　他の童話と読み比べる──浮かび上がってくるものは何か──

ここでは、新美南吉の童話を他の童話と比較することを試みたい。それによって、南吉童話の特徴がいっそう明らかになってくると考えるからである。比較の対象とするのは、国内のものとしては宮沢賢治童話、外国のものとしてはイソップ童話、グリム童話、アンデルセン童話である。

1　宮沢賢治童話と読み比べる

わが国の代表的な童話作家として、「北の宮沢賢治、南の新美南吉」と並び称されることがある。

宮沢賢治（一八九六～一九三三）は、新美南吉（一九一三～一九四三）よりも時代的には少し前の作家である。童話だけでなく、詩や短歌なども創作していること、独身のまま夭折していること、死後にその名が広く知られるようになったこと、さらに国語教科書に多くの作品が載っていることなどが共通している。

もちろん、南吉は賢治のことを非常に尊敬していて、死を確信したときも、すでにこの世を去っていた賢治のところに行けると自らを慰めていた。

ここでは三つの観点から賢治童話と比較していくことにしよう。

（1）北方の大自然

賢治のふるさと・岩手の自然は、岩手山（標高二〇三八メートル）、北上川（全長二四九キロメートル）に代表されるスケールの大きさが特徴である。わが国有数の大河である北上川をはさんで、東西両側に北上山地、奥羽山地という急峻な山岳地帯を擁している。気候条件も冬は寒さが厳しく、「雨ニモマケズ」に「サムサノナツハオロオロアルキ」とあるように、夏でも冷害の危機にさらされている。南吉のふるさと・知多半島の自然（温暖な気候、なだらかな地形）とはまったく対照的である。

しかし、賢治は、こうした郷土の厳しい自然を「イーハトーヴ」という光り輝く理想郷として作品に登場させている。たとえば、猿ヶ石川との合流地点を下った所にある北上川西岸を「イギリス海岸」と命名している。白色の泥岩層がドーバー海峡に面した海岸に似ているからであった。

「岩手山」という詩がある。

そらの散乱反射のなかに
古ぼけて黒くえぐるもの
ひしめく微塵の深みの底に
きたなくしろく澱むもの

この詩は、宇宙的な視点から岩手山を描き出している。〈微塵の深みの底に……澱むもの〉といった見方がユニークで、壮大なスケールを感じさせる作品である。

この詩では、岩手山の美しい姿は語られていないが、実際は「岩手富士」あるいは「南部富士」と呼ばれるコニーデ型の成層火山である。その岩手山を中心に、鞍掛山に代表される東側山麓は、童話「気のいい火山弾」や詩集『春と修羅』などの舞台となっている。また、小岩井農場や網張温泉に代表される南側山麓は、童話「狼森と笊森、盗森」や多くの短歌・詩の舞台となっている。

「狼森《おいの》と笊森《ざる》、盗森《ぬすと》」は、岩手山南麓の壮大な自然を舞台にして、人間と森との交歓を描いたスケールの大きい作品である。とくに開墾にやってきた四人の百姓が次のように叫ぶ場面が印象的である。


「ここへ畑起こしてもいいかあ」

「いいぞお」森がいっせいにこたえました。

みんなはまた叫びました。

「ここに家建ててもいいかあ」

「ようし」森はいっぺんにこたえました。


こうしてその地に住みついた人間たちとの間に起こった出来事、交流を通して、「森もすっかりみんなの友だち」になっていくという話である。スケールの大きさといえば、「グスコーブドリの伝記」や「よだかの星」、さらには「銀河鉄道の夜」のような宇宙空間にまで及ぶような作品もある。

郷土や庶民を見つめるなかで、こじんまりした身のまわりの自然や生活を描いた南吉童話とは大きく異なっている。

(2) 仏教哲学

賢治の仏教信仰は盛岡中学時代から強くなり、とくに法華経(妙法蓮華経)の精神に引きつけられるようになる。盛岡高等農林学校(現・岩手大学農学部)卒業後には日蓮宗系の「国柱会」に入会、布教や写経など宗教活動に精を出す。

当然、作品にもそうした仏教観が色濃く反映している。「雨ニモマケズ」によく表れているように、献身、祈り、質素、無欲、宿業の悲しみ、凡愚の貴さ、無常観、輪廻転生などがモチーフとなっている。

また、『春と修羅』に見られるように、自分を「修羅」と規定して、外界と格闘し苦悩する主体も表現されている。

有名な教科書教材で言えば、「よだかの星」「やまなし」「虔十公園林」などの作品にもそうした仏教的世界観が漂っている。

それに対して南吉童話はどうだろう。たしかに「百姓の足、坊さんの足」「和太郎さんと牛」「鳥右ヱ門諸國をめぐる」などに因果応報的なストーリーは見られる。また、「良寛物語　手毬と鉢の子」という長編物語もある。南吉の郷土（尾張・三河地方）は、古くから親鸞聖人の浄土真宗系の念仏信仰が盛んな土地柄であり、作品中にも報恩講や念仏講、説教の場面が多く描かれている。「ごんぎつね」でも、吉兵衛の家で〈おねんぶつ〉が行われている。

しかし、南吉作品に描かれているのは、あくまでも庶民の土俗的な信仰の姿であって、賢治のように仏教的な哲学・世界観に深く立ち入ったり、法華経の精神に基づいて作品を創作したりするということはない。

（３）残酷さ

宮沢賢治は、このように「求道の人」「賢治菩薩」と称される一方で、自らを「修羅」と呼んで、童話のなかに残酷きわまりない「闇」の部分も描き出している。その闇とは、生きていくうえでの宿命、人間として生きるうえでどうしても背負わなければならない業《ごう》のことである。人間もさまざまな生き物の命を奪って生きていくという宿命から逃れられないのである。「生きることがすでに罪である」という観念とそこからの解脱が賢治文学のモチーフとなっていたのである。

「やまなし」の「五月」の世界はその典型である。この童話は教科書教材としても有名であり、小さな谷川の底にいる蟹の兄弟が捉えた世界が描かれている。

つうと銀のいろの腹をひるがえして、一疋の魚が頭の上を過ぎて行きました。

「クラムボンは死んだよ。」

「クラムボンは殺されたよ。」

「クラムボンは死んでしまったよ……。」

「殺されたよ。」

（中略）

その時です。俄かに天井に白い泡がたって、青びかりのまるでぎらぎらする鉄砲弾のようなものが、いきなり飛び込んで来ました。

にいさんの蟹は、はっきりとその青いもののさきが、コンパスのように黒く尖っているのも見ました。と思ううちに、魚の白い腹がぎらっと光って一ぺんひるがえり、上の方へのぼったようでしたが、それっきりもう青いものも魚のかたちも見えず、光の黄金《きん》の網はゆらゆらゆれ、泡はつぶつぶ流れました。

二疋はまるで声も出ず居すくまってしまいました。


このように、クラムボンが魚に食べられ、魚がかわせみに食べられるという自然界の掟、弱肉強食の関係が描き出されている。幼い蟹の兄弟は、初めて見た光景に「こわいよ」と言い、「ぶるぶるふるえている」しかなかった。

「蜘蛛となめくじと狸」（「洞熊学校を卒業した三人」）には、次のような残酷な場面が出てくる。祈祷師になりすました狸が狼をだまして食う場面である。


狸が言いました。

「わしは山ねこさまのお身代わりじゃで、わしの言うとおりさっしゃれ。なまねこ。なまねこ」

「どうしたらようございましょう」と狸があわててききました。狸が言いました。

「それはな。じっとしていさしゃれ。な。わしはお前のきばをぬくじゃ。このきばでいかほどものの命をとったか。恐ろしいことじゃ。な。お前の目をつぶすじゃ。な。この目で何ほどのものをにらみ殺したか。恐ろしいことじゃ。それから。なまねこ、なまねこ、なまねこ。お前のみみをちょっとかじるじゃ。これは罰じゃ。なまねこ、なまねこ。こらえなされ。お前のあたまをかじるじゃ。むにゃ、むにゃ。なまねこ。この世の中は堪忍が大事じゃ。なま……。むにゃむにゃ。お前のあしをたべるじゃ。なかなかうまい。なまねこ。むにゃ。むにゃ。おまえのせなかを食うじゃ。ここもうまい。むにゃむにゃむにゃ」

とうとう狼はみんな食われてしまいました。


「土神ときつね」「フランドン農学校の豚」などの作品にも残酷なシーンが出てくる。こうした残酷さは、後に述べる「グリム童話」と共通するものである。

これに対して、南吉童話には、殺し合う、人が他の生き物の命を奪うという場面はほとんど出てこない。ましてや残酷なシーンはまったくと言っていいほどない。「幼年童話」

と言われる幼児向けの作品はもちろんのこと、「民話的メルヘン」と言われる物語にも、「自伝的少年小説」と言われる作品にもその点は共通している。(「ごんぎつね」は例外に属するだろう。)

「なめとこ山の熊」や「注文の多い料理店」のように、「死」や「殺戮」という人間の宿命に向き合わざるを得ない賢治童話との大きな違いである。

2 グリム童話と読み比べる

「グリム童話」も日本人にはおなじみである。ドイツの文献学者であるグリム兄弟(ヤーコプ・グリム、ウィルヘルム・グリム)が、ドイツ各地に伝わる昔話・伝説を集めて書き上げたものである。初版は一九世紀初頭に出版され、その後何度か改訂されている。

「グリム童話」の特徴としては、民話的な素朴さ、呪術性・呪物性、野性的な力強さ、残酷さなどが指摘されている。

実際、ヨーロッパの民間伝説には付きものとなっている魔女や魔法が登場する話が多い。主人公が魔法にかけられたり、その魔法が解けたりするという話がいくつもある。「白雪姫」や「ねむり姫」などはその典型である。もっともこれはアンデルセン童話などにも共通している。
グリム童話はむしろ、その残酷さ、どぎつさ、恐ろしさが大きな特色である。グリム兄弟が昔話を収集する際に、原話を改変・脚色せずに、「できるだけ純粋な形でとらえようとした」と言われているが、その影響によるものかもしれない。
以前ヒットした桐生操『本当は恐ろしいグリム童話』(KKベストセラーズ)や由良弥生『大人もぞっとする初版「グリム童話」』(三笠書房)では、女の子が狼に食べられたり、魔法使いのおばあさんが火の燃えさかる竈《かまど》のなかに押し込められたりするのだが、それは現代作家たちが勝手に創作したものではない。もともと原作、とくに初版に残酷なシーンが多く出てくるのである。(池内紀訳『グリム童話(上・下)』ちくま文庫)
たとえば、「シンデレラ(灰かぶり姫)」では、王子が置き去りにされた黄金の靴にぴったり合う足の女性(シンデレラ)を探すのだが、彼女の継母は自分の娘たち(連れ子)を妃にしようとたくらんで、つま先やかかとをナイフで切って無理やり靴を履かせる。また、最後の婚礼の場面では、おべっかを使って王室に取り入ろうとするこの娘たちの目を鳩がつぶしてしまう。

「ヘンゼルとグレーテル」にも残酷なシーンが出てくる。

貧しい木こりの家で育った兄妹が、継母の口減らしのたくらみによって森の奥に捨てられる。迷い込んだお菓子の家は実は魔女の罠だった。パン焼き窯で焼かれそうになったところをグレーテルの機転で逆に魔女をそのなかに突き飛ばし、魔女は焼け死ぬ。二人は宝物を家に持ち帰り、父親と幸せに暮らす（すでに継母は死んでいる）というストーリーである。

なお、初版ではもっと残酷な設定・表現となっている。子捨てを提案したのは継母ではなく、実母であった。また、魔女の描写なども生々しくて恐ろしい。とにかく残酷であり、恐いのである。

「ねことねずみ」は、冬に備えてしまっておいた食糧をねこがひとり占め（まさにネコババ）したあげく、それを知った相棒のねずみをひと呑みにしてしまうという残忍かつ悪辣な話である。

「狼と七匹の子やぎ」の結末は、よく知られているように、母さんやぎの機転で腹に石を詰め込まれた狼が泉に落ちるというものである。しかし、原作では、「狼、死んだ。狼、死んだ」とはやしながら、やぎの親子が泉のまわりを踊り回るという設定になっている。

童話としては、こんなに死を喜ぶところまで書かなくてもよいと思ってしまう。

このように、「グリム童話」には残酷な話が多い。ハッピーエンドの作品であっても、毒の要素、死の臭いが漂っていることがわかるだろう。

南吉童話には、こうした問題はほとんど見られない。古典的な因果応報のストーリーはいくつかあるが、残酷なシーンはいっさい描かれていない。このあたりが幼児にも読み聞かせできる、親子で安心して読めるということにつながっているのだろう。

3 イソップ童話と読み比べる

イソップ童話は、古代ギリシアから伝わっている寓話集である。寓話だけあって、原典を見ると、それぞれの作品の末尾に必ず道徳的な教訓や人生訓が添えられているのが特徴である。

よく知られた作品に、「肉をくわえたイヌ」がある。川に映る自分の影を見て、もっと別の大きな肉を持ったイヌがいると思いこんで、その肉をとろうとしたら自分の肉を落としてしまったという話である。最後には、「この話は、よくばりの人にしてやるといい」

という一文がついている。

「旅人とクマ」では、友だち二人が道でクマに遭遇する。一人はすばやく木に登って隠れたが、もう一人はつかまりそうになったので、地面に倒れて死んだふりをする。クマはそこを立ち去るとき、「危険なときに助けもしないような友だちとは旅行するな」とつぶやいたという話である。そして、最後に「不幸なことがあると、本当の友だちがわかるものだ」と締めくくられている。なかなか強烈なメッセージである。

山本光雄訳『イソップ寓話集』（一九七四年、岩波文庫）によると、「北風と太陽」の話の最後には、「言ってきかせる方が、無理強いするよりも、ききめの多いことがしばしばある」と書かれている。

「ウサギとカメ」の場合は、「生まれつきがゆるがせにされると、それはしばしば努力に打ち負かされるものだ」となっている。

同じように、「アリとハト」では、「恩人には御恩返しをしなくてはならない」、「ライオンとネズミ」では、「時節が変った際には非常に力のある人が弱い人を必要とするようになる」、「田舎のネズミと都会のネズミ」では、「質素に暮らして不安なく生きていく方が恐怖の中に苦しんで贅沢するより優っている」、「キツネとブドウ」では、「人間のうちにも自分の力の足らないために物事をうまく運ぶことができないと、時機を口実にする人々がある」という具合である。

一般に流布しているイソップ物語や絵本のなかには、こうした教訓の部分はカットされているケースもあるが、内容的に見て寓意性は明らかである。

これに対して、南吉童話には教訓臭はほとんど見られない。むしろ、彼自身それを嫌っていたことが日記からうかがえる。「ひろすけ童話讀本を見た。中で教訓的の《（ママ）》ものを見受けた。あまり崇拝出来なくなつた」（一九二九年九月一八日）と率直に書いている。この評価の妥当性は措くとして、南吉が教訓的な童話を忌避していたことは確かである。

作品のテーマを特定の「教え」や「戒め」という形で一元化しないという点で、南吉童話は文学としての完成度が高いと言えるだろう。読者の想像力や既有経験などによって作品の理解や鑑賞が人によって異なってくるのが文学だからである。

4 アンデルセン童話と読み比べる

ハンス・クリスチャン・アンデルセン（一八〇五〜一八七五）は、三〇歳で初めて童話を書いて以来、その生涯において一五〇編あまりの作品を残している。「マッチ売りの少女」「みにくいアヒルの子」「人魚姫」「おやゆび姫」「はだかの王様（皇帝の新しい着物）」などで広く知られている。

実は、南吉は童話作家としてアンデルセンを目標にしていた。日記のなかで「余が若し、アンデルスンの様に世界的の芸術家になつて没したなら……」（一九二九年四月二三日）と書いたり、「童話に於ける物語性の喪失」という評論（『早稲田大学新聞』一九四一年一一月二六日）という評論のなかで、アンデルセンの名をあげて「物語性」の復権を主張したりしている。

実際、アンデルセン童話は、これまでに取り上げてきた童話のなかでは南吉童話に最も近い。特に南吉の初期作品には、その傾向が顕著である。

たとえば、「ごんぎつね」の少し前に書かれた「巨男の話」（『緑草』一九三一年一二月号）は、心のやさしい巨男《おお》が、周囲の人びとの偏見のなかで、自分の母（魔女）によって白鳥に変えられた王女をもとの姿にもどそうとする話である。魔法を解くためには白鳥に涙を流させねばならない。巨男はいろいろ試してみるが成功しない。ある夜、「私が死んだらお前は涙を流すに違ひない。よし！　私はお前のために天国へ行かう」と言って、自分が作った高い塔の上から身を投げる。こうして王女はついに人間の姿にもどることができたという結末である。

これは、アンデルセンの名を世界中に知らしめることになった名作「人魚姫」を彷彿させる物語である。人魚姫は海難事故から命を救った王子に恋をする。人間の世界で一緒に暮らしたいという一念で魔女に話を持ちかけ、その美しい声を奪われたうえで、人間の姿に変えてもらう。砂浜に打ち上げられた人魚姫は王子に発見されて、ずっと可愛がられるが、王子は別の国の王女と結婚してしまう。これによって、王子と結婚して「永遠のたましい」を得たいという彼女の望みは絶たれる。最後の場面で、眠っている王子をナイフで刺せばもとの人魚にもどれるチャンスがあったにもかかわらず、魔女の言いつけに従って、海の泡となって消える道を選ぶという悲哀のストーリーである。

人魚姫の王子に対する献身的な愛、それゆえの悩みと苦しみ、そして最後に愛する人のために自らの死を選ぶというのは、「巨男の話」とモチーフやテーマがよく似ている。「悲哀」と「愛」に満ちた叙情的なロマンスの物語である。兵十に寄せるひたむきな思い、そして悲劇的な結末という点で、「ごんぎつね」の世界とも共通する面がある。

先にも述べたように、南吉自身、物語には「悲哀」と「愛」がなければならないと日記に書いていた（二の3を参照）。この他に、「マッチ売りの少女」「ヒナギク」「天使」などのアンデルセン童話も南吉童話を思い起こさせる作品である。（大畑末吉訳『アンデルセン童話集1〜3』一九八六年、岩波少年文庫）

なお、アンデルセンはデンマークの貧しい家庭に生まれ、一一歳のときに父親を失うなど不遇な少年時代を過ごしている。そして、そうした自伝的要素が作品に色濃く投影されていると言われている。この点でも新美南吉と共通するものがある。

四　今日の時代性と「ごんぎつね」――「真のやさしさ」とは何か――

多くの古典的童話が小学校の教科書から消えていき、新しい作品に取って代わられるなかで、「ごんぎつね」は採用され続けている。教育関係者は今日の時代性のなかで「ごんぎつね」に何を期待しているのだろうか。

1　人間の孤独と疎外

「ごんぎつね」のモチーフとして、人間の孤独と疎外という問題が横たわっていることは容易に察しがつく。

まず、孤独という問題は、物語のなかに繰り返される〈一人ぼっち〉という言葉に集約されている。

aごんは、一人ぼっちの小ぎつねで、しだのいっぱいしげった森の中に穴をほって住んでいました。（一の場面） b兵十は今まで、お母《っかあ》と二人きりで貧しいくらしをしていたもので、お母が死んでしまっては、もう一人ぼっちでした。 「おれと同じ、一人ぼっちの兵十か。」 こちらの物置の後ろから見ていたごんは、そう思いました。（三の場面）

ごんは、生来、身寄りがなく孤独であった。その寂しさを紛らわすために、いたずらば

かりしたのだろう。そして、そのいたずらのせいで、兵十のお母にうなぎを食べさせられなかったとごんは思い込む。兵十がお母と死別して、ごんは自分と同じ境遇になったことを知る。どちらも孤独の身の上である。そこに限りない共感・共鳴が生まれて、〈うなぎのつぐない〉にとどまらず、兵十に思いを寄せるようになっていくのである。

一方、疎外という問題は、そうした同じような境遇にある立場であるにもかかわらず、言葉による意思疎通、コミュニケーションができないという状況のことである。本来なら、思いを分かち合うことができるはずなのに、人間と狐という対立的・敵対的な関係にあるためにそれができない。

◆大人も子どもも対話ができなくなった

こうした孤独と疎外という問題は、現在の社会のなかでも進行している。大人の世界でも、若者の世界でも、子どもの世界でも同じであろう。

近年、社会問題化している「ひきこもり」「ニート」「自殺系サイト」「凶悪犯罪」などを見ると、現代人の《心の闇》ともいうべき根源的な孤独と疎外の状況が浮かび上がってくる。

子どもの世界でも、人間関係が希薄化しているように思われる。昔の子どもに比べて、対人関係能力が低下している子ども、他者とうまく関わることができない子どもが増えていると教師たちは言う。そもそも、挨拶ができない、叱られても「ごめんなさい」と謝ることができない。最も基本的なことができない子が増えている。少子化・過保護に加えて、テレビゲームやインターネットの普及などさまざまな理由が考えられよう。

一方、最近の若者に見られる傾向としては、無言化現象があげられる。親しい仲間との会話や携帯電話など、プライベートな場面では際限なくおしゃべりするけれども、公共の場で他人と接したり不特定多数の前で話したりするというパブリックな場面では口をきかなくなっているのである。

大学の講義でも、私語は多いが、学生の方から質問や意見はあまり出ない。彼らにとって人前できちんと話すということは大変なことなのだ。

十数年前の毎日新聞の「余録」に興味深い記事が載っていた。パリから成田に向かう機中で、隣の席の若者が到着までの一一時間の間、客室乗務員から食事のメニューを聞かれて「フィッシュ」「オレンジジュース」と答えたとき以外は声をまったく発しなかったというのである。席に着く際も「すみません」の一言もなかったらしい。

私にも思い当たることがある。

新橋から乗った「ゆりかもめ」のなかでの出来事である。夏休み中ということもあり、車内はかなり混雑していた。途中の駅で、私の隣に座っていた若者が、降車駅であることに気づくのに遅れたらしく、いきなり席を立つや大きな荷物を抱えて、黙ったままドアめがけて一目散に突進した。周囲の乗客はたまったものではない。あちこちから怒声が上がった。もしも彼が「すみません」と一声掛けていれば、こんなにも不快な思いをさせなくて済んだはずである。

今はコンビニに行っても、何もしゃべらずに物を買うことができる。自動販売機や自動改札機など無人システムの開発やインターネットの普及などによってますます無言化社会に拍車がかかっている。チケットの手配にしてもホテルの予約にしても商品の購入にしても、直接相手と話さずに簡単にできてしまう。これがコミュニケーション能力を低下させることになる。音声言語は現実の生きた人間関係を築くときに欠かせない基本的な道具である。これが貧弱だと社会生活を円滑に営めなくなる。現に企業関係者からは、ろくに挨拶もできない新入社員が増えているという声があがっている。

いずれも《コミュニケーション不全症候群》と呼んでよいだろう。人間と人間との対話が成り立ちにくい状況が生まれているのである。

こうした今日的な状況があるから、なおさら現場教師や教科書編集者たちが「ごんぎつね」という物語に何かを期待する、何かを要請するという事態を招いているのではないだろうか。

実際、ある学級では、「ごんぎつね」を学習した後、子どもが次のように発言している。

人と人がつながり合わない社会って、一組と反対だね。暗いし、さびしいし……。やっぱり話し合ったり、助け合ったりしていく方がずっといい。ごんと兵十のこの話がそれを表してるよ。（聡史）

（文芸教育研究協議会第27回山口大会（一九九二年）辻恵子氏の実践報告資料）

「ごんぎつね」の世界を自分のクラスのことに重ねて考えている。物語にはこういう教育内容的な効果もあるのだ。

2 「やさしさ」の心理

精神科医の大平健氏は、『やさしさの精神病理』（一九九五年、岩波新書）のなかで、現代の若者に見られる〝やさしさ〟と旧来の「やさしさ」との違いを論じている。

それによると、相手に「共感」して「一体感」を得ることで滑らかな人間関係を結んでいた旧来型の「やさしさ」が変質してきているという。現代流の〝やさしさ〟とは、むしろ、できるだけ相手を傷つけないように（そして自分も傷つけられないように）気遣いをすることなのである。

たとえば、今の若者は、「カワイイ」「ウザイ」「ムカツク」「ヤバイ」といったいくつかの決まり文句で心情を表現することが多い。

しかし、これは、ある意味では他者とのコミュニケーションの拒絶を意味する。そんな大雑把な言葉では、具体的な状態が何もわからないからである。もし会話をつなげていくとしたら、「どこがカワイイの?」「どうしてムカツクの?」と質問することが必要になるが、実際はこういうことにならない。「相手の気持に立ち入ることはタブー」（大平前掲書、八一頁）だからである。

そこには、自分のプライバシーに踏み込まれたくない、あるいは他人のプライバシーに踏み込みたくないという心理がある。それが現代流の〝やさしさ〟なのである。

しかし、これでは本来のコミュニケーションにならない。「心のふれあい・かよいあい」ができないからである。これは、人と関わる力・交わる力の衰退にもつながりかねない事態である。

◆「ごんぎつね」に見る本来の「やさしさ」

現在、「不登校」や「ひきこもり」が社会問題になっている。二〇一七年度の「不登校」の小・中学生は全国で一四万四千人を超えて、過去最多を記録した。「ひきこもり」も多く、内閣府の調査（二〇一五年）によれば、若者（一五～三九歳）で約五四万人に上っている。近年、その長期化・高齢化も問題になっており、中高年（四〇～六四歳）の「ひきこもり」が六十万人を超えている（二〇一八年）。外出もほとんどせず、家族以外の人間と何年間も話をしたことがないといった事例は珍しくない。これには、さまざまな原因があるだろうが、いずれにしても「人と関わる力」の衰退を示す象徴的な事例である。

教育社会学者の門脇厚司氏は、これを「社会力の形成不全」と呼んでいる。最近の若者の人間関係は、先にも述べたように、「お互いに深入りしないきわめて表面的なもの」であり、「自閉症児化」や「人間嫌い」も広がっていると指摘している（『子どもの社会力』一九九九年、岩波新書）。

「ごんぎつね」のように、相手に献身的に尽くすということは、まさに旧来の「やさしさ」であり、ホットな人間関係を求めるということである。自分の気持ちをわかってほしいという熱い思いがそこにある。

が、今の若者にとって、それは〝ウザイ〟ことなのかもしれない。その一例として、結婚しない人の増加もあげられよう。厚生労働省の資料では、二〇一六年度の婚姻率は過去最低を記録し、一九七〇年代前半と比べると半分になっている。いろいろな原因が考えられるが、その一つとして、結婚・同居という形式がもたらす束縛感・不自由さが嫌われているということがあげられる。どうしても相手のプライベートな部分に立ち入ることになるし、その結果、相手を傷つけたり、また自分が傷ついたりという痛みが避けられないからである。

それがイヤだから結婚しないというのも、現代流の〝やさしさ〟なのかもしれない。今は空前のペットブームと言われているが、若者や女性がこぞって小動物を愛玩するのも、家に帰ってからも対人的な気苦労をしたくない、もっと精神的に癒やされたいという事情によるものだろう。

しかし、現実の社会を生きていくうえでは、旧来の「やさしさ」がどうしても必要になってくる。それなしには、先に述べた孤独と疎外の問題は根本的に解決できないだろうし、真の意味でのコミュニケーション、人との関わりや交わりも得られないだろう。

こうした状況のなかで、教育関係者たちは、「ごんぎつね」の世界が子どもたちに何か大切なことを語りかけてくれる、日本人が失いつつあるものを取りもどしてくれると期待するのだろう。文学を道徳教育のために利用することはよくないが、授業で文学教材を取り上げる以上、人間の生き方にまで踏み込むのは避けられないことである。

第3章

「ごんぎつね」はどう読まれているか

一　現代の子どもと「ごんぎつね」――小学校四年生の作文――

二五年ほど前になるが、知り合いの教師から、子どもたちが書いた『「ごんぎつね」まとめの作文』が送られてきた。野田芳朗氏（大田区立道塚小学校・当時）のクラスの三三人分である。四百字詰原稿用紙に平均一二、三枚、最も多い子どもは三二枚も書いていて、いずれもホッチキスで袋とじにしてあった。（写真5）

表紙には、思い思いに物語のワンシーンやごんの絵などがクレヨンや色鉛筆で描かれている。どれも力作であった。

「もくじ」は全員共通で、次のようになっている。

（1）はじめの感想
（2）登場人物について
（3）ごんの様子について
（4）兵十の様子とごんのいたずら

（5）おっかあの死
（6）あなの中でごんが考えたこと
（7）ごんのつぐない
（8）四、五の場面について
（9）かけよっていく兵十が考えたこと
（10）この物語の悲しさについて
（11）「ごんぎつね」を学習して
（12）スペシャル（選択）
A　ごんへ
B　兵十へ
C　新美南吉について
D　その後の「ごんぎつね」

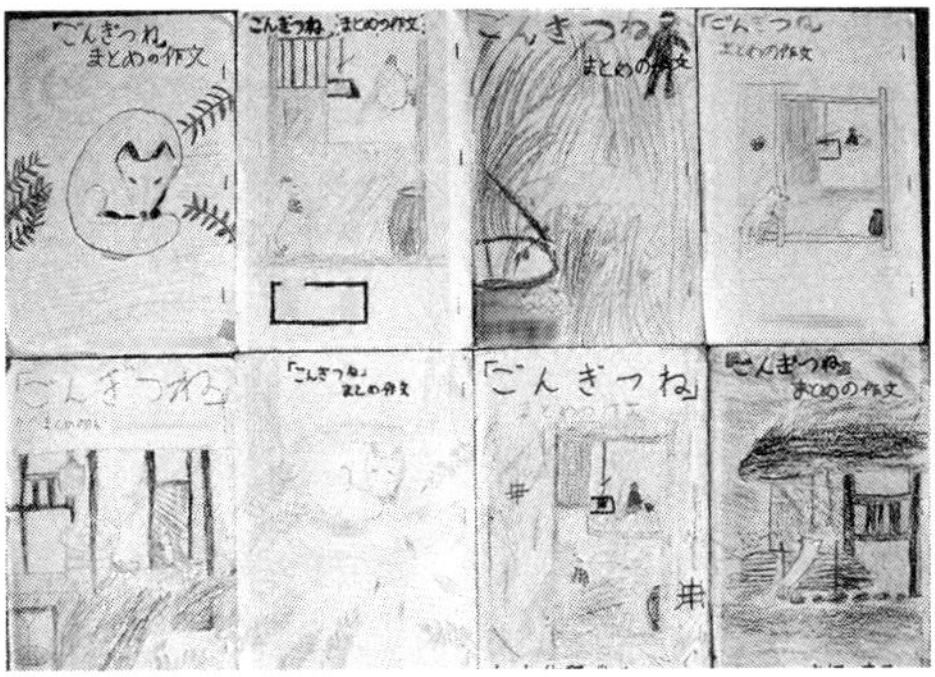

写真5　小学生の作文集

ここでは、そのなかからいくつかを紹介していきたい。（児童名はすべて仮名）
最初に、江村香奈の作文から見てみよう。

（1）はじめの感想

私は最初ごんぎつねとふつうの山にいるきつねとはどうちがうのかな?とふしぎに思いました。タヌキやヘビなんかはよく家の庭に出てきたなんて聞くけど、きつねはそんなに聞いたことがありません。ごんぎつねは教科書に「辺りの村へ出てきていたずらばかりする」と書いてあったので、きつねとはちがうんだなあと思いました。

私にはもう一つハテナがありました。それは、「ごんはひとりぼっちの小ぎつね」というところです。家族やしんせきはいたけど、死んじゃったのか、最初からいなかったのかどっちか知りたいです。文章の中にはこのことに関することは書いていなかったので残念でした。もし新美南吉さんが生きていたら私のハテナの答えを聞きにいきたいです。あ～あ、新美南吉さんよ、生き返ってください。

前半は、ごんがふつうのきつねとは違っているという感想である。ひょっとすると、きつねというのは警戒感が強い動物なのかもしれない。そんな認識が芽生えたのだろうか。後半は、ごんの身の上に対する興味である。最初からひとりぼっちだったのか、それとも後から家族と死別したのかという疑問である。野田学級の子どもたちのなかには、ごんの両親は人間によって撃ち殺されたのではないかという意見もあった。だから、嫌がらせをするのだという解釈である。この文章はそうしたこともふまえているのだろう。

いずれにせよ、この問題は、作者が生きていたら直接会って聞きたいと思うほど、香奈にとっては大きな関心事だったのである。

(2) 登場人物について

登場人物は、ごん・兵十・加助。ごんは、うなぎ事件から変わり始める。いたずら・やんちゃ↓いたずらはいけない・自分のせいで兵十のおっかあが死んだ(思いこみ)↓反省(うなぎのつぐない)↓くりや松たけを持っていこう! のように読みとれた。兵十が自分と同じひとりぼっちになったのを見て、かわいそうに思った心がごんを変わらせたんだと思いました。

加助は、兵十の『だれがおれにくりや松たけをくれるんだろう』というぎもんの答えを『神様だ』と言う。兵十も最初は迷っていたが、他に説明のしようがないから、そうだと言ったにちがいない。この加助の言葉が兵十がうつきっかけになったのかもしれない。
兵十は最後までごんのしたことを知らなかったのでうってしまいました。一しゅんのできごとでもこんなに悲しいんですね。

この物語は、ごんと兵十が中心人物であると考えるのが一般的である。しかし、香奈はそれに加えて、加助の存在を重視している〈後でも紹介するが、兵十の「幼なじみか竹馬の友」だと考えている〉。加助との会話を通して〈神さまのしわざ〉ということに落ち着いたことが、銃撃の遠因になったのではないかという見方も面白い。

なお、登場人物ということで言えば、弥助の家内や新兵衛の家内らも登場する。特に弥助の家内は「いわしをおくれ」というせりふまで言っている。近代文学研究者の鈴木啓子氏は、これが、兵十のために鰯を買って食べさせる母親や妻がいない〈ごんがその代役を務めるようになる〉ことを喚起させるという意味をもっていると述べている〈「『ごんぎつね』をどう読むか」『日本文学』二〇〇四年八月号〉。

その意味では弥助の家内も重要な登場人物なのかもしれない。しかし、香奈のように登場人物をごんと兵十と加助の三人に限定したのは、あくまでも物語において中心的な役割を担っていること、つまり、ごんが撃たれるという事件に深く関与していることを判断基準にしたのだろう。

> （３）ごんの様子について
> 　ごんが、いたずらをするのは、人間が家族といっしょにいるのを見て、うらやましく思ったんじゃないかと思います。
> 　多数の人が友だちがほしいからと言ったけど、私はこれはちがうと思います。その理由は、友だちになりたいんだったら、人間の家へ行って、たのんだりすればいいと思います。この意見に対して大野さんが友だちの作り方を知らないと言いました。この意見も私はちがうと思います。それは、はりきりあみのかかっているところより下手の川の中をめがけるほど頭の良いごんが友だちの作り方を知らないなんてことはありえないからです。これは、木田さんのかまってもらうことが友だちになると思ったからにも言えます。
> 　ごんは、とても頭がいい。でも、ちょっと思いこみのはげしいところがあるおもしろいきつねだと思います。

ここにはクラスメイトの意見とそれに対する反対意見が述べられている。香奈自身は、いたずらの原因が、人間世界への「うらやましさ」にあると見ている。孤独なごんにしてみれば、人間たちの楽しそうな生活がうらやましかった、だからいたずらばかりしたという考えである。これはこれで立派な解釈である。

これに対して、多くの児童は「友だちがほしいから」と考えていたようだ。たしかに「かまってもらうことが友だちになると思った」という考えは一理ある。好きな女の子を困らせる、わざといじわるをするという少年の心理に似ている。おそらく他の学級でも、こうした考えはたくさん出てくるはずである。

それに対して、香奈は「ごんは頭がいい」という観点から反論している。友だちになりたいのなら人間の家に行って頼めばいいというのである。そして、それに対する「友だちの作り方を知らない」という意見に対しても同様の観点から再反論している。大変に論理の一貫した意見である。

しかし、これは、残念ながら物語の本質を捉えていない。人間の家に行って「友だちになってくれ」と頼むことなど、そもそも不可能なのだ。ごんは人間の言葉はわかるが、話すことはできないという人物設定である。仮に話せたとしても、人間の前に姿を見せたただけで捕まったり撃たれたりするだろう。対話の関係が断ち切られている状況であるがゆえに、相手をしてほしい、友だちになってほしいという気持ちを「いたずら」という歪んだ形でしか表すことができないのである。（以上は、野田学級の多数意見に加勢するという立場から補足的に述べたものである。香奈はこれに納得するだろうか。）

（4）兵十の様子とごんのいたずら
うなぎ事件は、兵十がうなぎをはりきりあみでとっているときに起こりました。

（中略）

兵十は、ぬすっとぎつねだとごんに言ったが、追いかけてはこなかった。どうしてか？　それは、追いかけてもごんには追いつかないと思ったか、つかれていたかどっちかだと思います。もう、しょうがないみたいで、またかとあきれていたのかもしれません。


兵十が追いかけてこなかった理由を考えている。大人だとあまり考えようとしない問題である。その意味では子どもらしい着眼といえよう。この物語は最初からごんの視点で語られていく。兵十は、ごんに見られている人物対象として描かれている（最後の場面で視点の転換が起こるが……）。兵十の内面は描かれていないため、香奈のように読者がいろいろと想像するしかないのである。もちろん決め手はない。

（5）おっかあの死

ごんは、弥助の家内がおはぐろをつけているのと、新兵衛の家内がかみをすいているのを見て、村に何かある！と思います。（中略）

昼すぎに村の墓地へ行き、様子を見ていた。どうやら、死んだのは兵十のおっかあらしいと分かる。

兵十のおっかあが死んでごんは、どう思ったか？　この葬式を見て、ごんのある気持ちが生まれる。その気持ちからごんはうなぎのつぐないを始める。

ここには特別にユニークなことは書かれていない。このテーマについては、大きな問題関心が生じなかったのだろう。

（6）あなの中でごんが考えたこと
ここでごんの思いこみのはげしさが表れてくる。一四ページのごんの言ったことの中には、思いこみの言葉の「ちがいない」と「……だろう」が三回も出てくる。それに、事実以外の文は、前の他に二回ある。

最後の一文には、ごんの気持ちが表れている。あんないたずらするんじゃなかったと、こうかい・反省している。この気持ちが次の行動につながっている。

私はこのごんの言葉を読んで、想像力が発達しているなあ、頭がとってもいいなと思いました。


先の「ごんの様子について」でもふれていたように、ここでも香奈はごんの「思いこみのはげしさ」と「頭の良さ」を指摘している。たしかに、この物語の悲劇は、ごんがこうして自分の行為を反省し、償いを始めるというところから破滅に向かっていくのである。特に「思いこみ」については、ごんのせりふ（心内語）に出てくる文末表現に着目して、具体的に検証しているところが素晴らしい。

（7）ごんのつぐない

ごんは、うなぎのつぐないとして、まず最初にいわし屋のかごからいわしをとって、兵十の家にほうりこんだ。私達から見れば、どろぼうと同じことですが、ごんから見れば、良いことのように見えたのでしょう。

しかし、次の日くりを持っていざ出かけてみると、兵十がひとり言を言っているではありませんか。しかもほっぺたにかすりきずがついています。どうして？と思っていると、いわし屋になぐられたと言っています。あ、とごんはまずかったと──こうかいしました。だからくりを物置の入り口に置いて帰りました。その次の日もずっとやるなんて、えらいなあと思いました。私だったら、一日で終わりにしちゃうのになあ。

ごんは、人間にはつかれてしまう苦労をのりこえて、くりや松たけをとってきているなあと思いました。くりは、いがついていてさわるといたいし、松たけは高級品なのでさがすのが大変です。私はそんなことしたことがないけど、くりひろいをしたことのある人が大変だったと言っていました。

このようなことから、ごんのうなぎのつぐないの気持ちが強いことが分かりました。

ここは、香奈がごんに共感している様子がよくわかる。鰯を投げ込んだことについても、毎日栗をもっていくことについても、その行為を自分と重ねて理解しようとしている。特に栗拾いを経験した人の話を持ち出すなどして、ごんの「大変さ」、さらに「つぐないの気持ちの強さ」をリアルに認識しているのである。

（８）四、五の場面について
ここで加助が登場します。加助は兵十の幼なじみか竹馬の友だと思います。住んでいる所も同じ村のようでした。わりと神様を信じすぎる性格です。

ごんは、兵十と加助からどのくらいはなれているか？というのを授業でやったとき、川田さんが話の続きを聞きたいからすぐ近くだと言っていたけど、私はちがうと思います。その理由は、かげぼうしをふみふみいきましたと書いてあるからです。だいたい兵十の身長は一メートル五十センチメートルぐらいなので、かげもそのくらいだからです。

私は、ごんは、尾行も上手なんだなあと思いました。しかも話まで聞いているのですから、よけいに思いました。

神様だなんて言われて、明日からどうするの？　ごん。

五の場面で、ごんは兵十からどれくらい離れて歩いているかという問題をめぐって、相変わらず、きちんと理由をつけて自分の考えを述べている。また、そこから、「尾行も上手」というごんの人物像を指摘している。「とても頭がいい」だけでなく、ごんのよさをさまざまに発見しているのである。

（9）かけ寄っていく兵十が考えたこと

私は、どこにいたずらしたのだろうか？と思ったんだと思います。それから、本当に死んだんだろうか？とたしかめに来たのかもしれません。

このことを考えて、兵十は何をしたかをまとめます。

どこを見たか？　　何を考えて？

家の中　　あらされていないか。

土間　　あれ、くりがある。それじゃあ……。

ごん　　ああ、いつもくりをくれたのはおまえか……。

根本さんがおあいこだと言いました。でもこれはちがうと思います。それはもしおあいこだと思っていたら、ごん、おまえだったのか、いつもくりをくれたのは、なんて言わないからです。それから、おあいこだったら、やっとしとめたぞなどと思うからです。もう一つ理由があります。兵十は火なわじゅうをばたりととりおとしました、と書いてあります。これにはこうかいや反省の気持ちがこもっていると私は考えます。

みんなもこのような意見だったのでよかったです。

「兵十がどこを見たか」という課題に対して、「家の中」→「土間」→「ごん」という順序で視線を動かしたこと、そして、そのときの兵十の考えや思いがまとめてある。向山洋一氏の実践でもあったように、銃撃後の兵十にとって、ごんのことはもう眼中にはなく、家の中が荒らされているのではないかということの方が心配であった。だから、〈家の中を見ると……〉なのである。そこで土間に栗が固めて置いてあるのを発見する。そういう状況を香奈はしっかりと把握している。

兵十がごんを撃ったのは「おあいこ」だという意見に対しても、きちんと二つの理由を述べて反論している。

（10）この物語の悲しさについて

ごんと兵十の気持ちのすれちがいが、この物語の悲しい所を生んだと思います。ごんの兵十に対するつぐないの気持ちと、兵十のごんに対するいかりの気持ちがぶつかりあって、ついにごんが負けて死んでしまう。

兵十とごんには、それぞれに心残りがある。

ごんには、もしかしたら、兵十がひとりぼっちでしかも貧しいのを知っているので、これから兵十が一人でくらしていけるのかという心残りがある。

兵十には、ああくりをくれたのはごんなのにその本人のごんを殺してしまった。あ、おれはどうすればいいんだ～!!　と心残りがありました。

これも同じ心残りですが、それぞれにちがった内容です。これも「すれちがい」から起きています。

私はこの物語を最初に読んだとき、なみだが出そうになりました。あまりにも悲しすぎたからです。でもぐっとこらえました。ああ、ごん、あなたは、もうこの世の中にはいないただ一ぴきのごんぎつねだったのにねえ……。

香奈が指摘しているように、「ごんぎつね」はまさに「すれちがい」のドラマである。ごんの好意と兵十の憎悪。コミュニケーションが絶たれている人物の疎外関係がもたらす悲劇。これが物語の本質（テーマ）なのである。

（11）「ごんぎつね」を学習して

この物語は、私が読んだことのある本で一番悲しかったです。「ごんぎつね」は、低学年のときに、えんげき教室で見たことがあります。でも、そのときはむずかしくて何が何だかわからなくて、お手あげでした。四年生になって、学習してみると、あ、あの場面はこうだったのか、ああだったのかとなつかしくなりました。そういえば、あのときも悲しかったっけ……。

ごんは、とってもやんちゃですが、うなぎ事件からだんだん大人に進歩していく。初めて人間の気持ちがわかったごんは、兵十にやさしくなり、つぐないを始める。が、兵十はごんがつぐないをしていること知らないので、どんとうってしまう……、そんな物語でした。
ごん、天国で兵十のおっかあをいたわってあげてね。
兵十、ごんはあなたのためを思って、くりや松たけを持ってきてくれたんです。どうぞごんの心をわかってあげてください。

ここでは、「うなぎ事件」の後でごんが成長していったこと、そして、初めて人間の気持ちがわかったことを指摘している点が注目される。なかなか鋭い読みである。この物語は、狐であるごんが「やさしく」なっていくという話、人間の心を理解するようになるという話でもある。

最後に、選択課題の「スペシャル」である。AとBは登場人物へのメッセージである。Cは作者について考えたことである。Dは「ごんぎつね」の後日談づくりである。香奈はAとDを選択している。

(12) スペシャル(選択)
A ごんへ

ごん、よくがんばったね。くりや松たけをひろって兵十の家へとどけるなんて……。しかも、毎日！　よく手や足がいたくならなかったね。私だったらぜったい一日で終わりにしちゃうのにね。そんけいしちゃうよぉ！

それに、とても頭がいいね。もしかしたら人間の子どもより頭がいいかもね。

D　その後の「ごんぎつね」
「ごん、生き返ってくれ、おれがいけなかったんだ。ゆるしてくれえ。」

ごんは、もうピクリとも動きませんでした。もう思い残すことはないのだから。

「さようなら、兵十。」

最後にそう言って死んで生きました。

「ああ……。」

兵十も涙を流して言いました。


香奈は、「ごんぎつね」の学習で一貫して、ごんの頭の良さを指摘していた。ここでもそうである。また、毎日栗や松茸を届けることに対して、「よく手や足がいたくならなかったね」と心配しつつ、自分なら無理だろうと述べている。先の「ごんのつぐない」のところと同じように、ごんに自分を重ねて読んでいるのである。

子どもたちのなかには、兵十が動物病院へ連れて行ったとか、応急処置をしたら治ったといった後日談を書いている子どもが数人いた。そうあってほしいという気持ちは理解できるが、〈ごんは、ばたりとたおれました〉や〈ごんはぐったりと目をつぶったまま、うなずきました〉といった叙述から、ごんは致命傷を負ったと読むのが大前提である。香奈の読みはその点で的確である。

他の子どもの作文も紹介しよう。

田中剛司は、次のように書いている。

(11)「ごんぎつね」を学習して

ぼくは、ごんぎつねを学習して、悲しさをしりました。初最《ママ》、読むまえは、「てぶくろを買いにみたいだな。」と思っていたけれど、よんでみると、すごく悲しい悲げきをうんでしまったので、すごくごんが、悲しくお思《ママ》ました。

ぼくは、ごんにあいたいです。ぼくは、もし、本当に、ごんがいたなら友達になってやって、ずっといっしょに遊んでやりたいです。でも、ごんには、あえません。あいたくても、あえないのです。神様に、どうかおねがいしたいです。

「神様、どか《(ママ)》おねがいです、ごんを生きかえらせてください。」と神様におねがいしたけど、ごんは生かえ《(ママ)》ません。

ごんは、いいきつねでやさしいきつねです。（中略）

最後に、一つだけ言います。

「ごん天国で幸せにくらしてください。」

(12) スペシャル（選択テーマ）

A　ごんへ
ぼくは、ごんみたいな、動物がとても大好きです。ごんみたいに、悪いことをしてしまって、それに気づいてつぐないをできるような動物は、すばらしいと思います。だって、何でも、自分ではんだんして、それをじっこうできるとは、すごくすばらしいと思います。

ぼくは、ごんみたいになりたいし、ごんみたいな動物も育てたいです。

ごんは死んでしまったかもしれないけれど、ぼくは、ごんの子孫になったつもりで、ぼくは生きていきたいと思います。

ぼくは、大人になったら、子どもをごんのような子どもを育てたいと思います。

子どもが、四年生くらいになったら、ごんぎつねをきかせてやりたいです。


見ての通り、国語力のレベルはけっして高くないと思われるが、原稿用紙に一六枚も書いている。こんなに長い文章を書いたのは初めてだろう。そして、何よりも作品に感動したことがストレートに伝わってくる。将来、自分の子どもに「ごんぎつね」を読み聞かせをしてやりたいという最後の一文も印象的である。

最後に、「スペシャル」のCとDを選択した子どもの感想文を見てみよう。

C　新美南吉について
僕は、新美南吉さんの書いた物語で「ごんぎつね」の他に、「手ぶくろを買いに」という物語を読んだことがあります。とても心温まるお話で、胸がジーンとしました。

お母さんぎつねと子ぎつねの愛情がよく描かれています。新美南吉さんの作品はそういう心のやさしさや愛情をテーマにしていると思います。（藤木　洋）

第2章でも述べたように、南吉作品に共通するテーマは「別の世界を生きる人たちの心のふれあい・かよいあい」ということであった。この子どもは、そうした方向でテーマを捉えている。しかし、「手ぶくろを買いに」も「ごんぎつね」と同様、その結末には陰りがある。子ぎつねは無事に手ぶくろを買ってきたのだが、母ぎつねは「ほんとうに人間はいいものかしら」とつぶやく。それは単なるハッピーエンドの物語でなく、読者に複雑な読後感、重い問いかけを残すことになっている。そこには真の心のふれあい・かよいあいの困難さに対する作者自身の思いが表れているのである。

D　その後の「ごんぎつね」
兵十は、なきました。ごんは、もうそのまま、動かなくなってしまいました。そして、兵十は、ごんのおはかを作ってあげました。

兵十は、加助に、くりや松たけをもってきてくれたのは、ごんだったと話しました。

すると、加助は、

「え?! ほんとかい? あの、いたずらばかりしている……。うちもせっかくみのったいねをめちゃめちゃにされて、まったくひどいきつねだぞ!! そんなことやるはずがない。おまえ、だまされたんじゃないのかい?」

「そんなことない! ほんとうに、ごんがくりをうちにもってきてくれたんだぞ。」

「う〜ん。」

加助はしばらくかんがえていました。

「兵十……。ほんとうに、そうかもしれないなあ……。ごんのすんでいる山は、秋になるとくりや松たけがたくさんなるんだ。」

「ほら。ぜったいごんだ。あーあ。ごんにひどいことをしたよ……。」

兵十は、ため息をつきました。

「でも、しらないでやってしまったことだからしかたないじゃないか。ごんだってきっとわかってくれるよ。」

「う、うん……。」

(中略)

それから、兵十は、山でくりをとってくると、ごんのおはかのところにくりをおいて、兵十もごんにつぐないをしました。　（盛田真美）

このような「ごんの弔いをする、ごんのお墓を作ってやる」という続き話は、よく見られるパターンである。ただし、この場合は、兵十や加助の心情が会話文を通してうまく表現されている。とくに、加助が兵十の話を聞いていくうちに、ごんに対する見方を変えていくプロセスがリアルに描かれている。村人から見ると、ごんは札つきの悪ぎつねだった。兵十の話をすぐには信用できないという懐疑心がそこにある。もとの話を深く理解しているからこそ、こういう続き話が書けるのである。

なお、文末に使われているリーダー（……）や感嘆符・疑問符なども人物の心情を表すうえで効果を高めている。

最後に、兵十が「つぐない」として、栗をごんの墓前に供えるというのも印象的である。

このように見てくると、野田学級の子どもたちは、それぞれに一生懸命に学習感想文を書いていることがわかる。もちろん、教師の日頃の指導にもよるだろうが、それよりもまず、「ごんぎつね」という作品が子どもたちに訴えかける力を持っているということがその前提にある。だから、一人ひとりのなかにさまざまな反応が引き起こされていく。いまから八〇年以上も前に書かれた作品だが、けっして色褪せることなく、現代の子どもたちにも読み継がれているのである。

二　教師たちの作品評価―「ごんぎつね」は圧倒的な支持率―

ここに、ある教科書会社が小学校の教師一九七名を対象に行った「文学教材聞き取り調査」（二〇〇四年七月実施）の集計結果がある。これは、教科書改訂の際に教材選定のための参考資料として作られたものである。

大学教授や児童文学評論家、教師などから構成される教科書編集委員会は、新しい教科書にどんな作品を載せるかを話し合うのだが、これが毎回大変な作業である。よい文学教材があるとその教科書が高い評価を受ける、ひいては教科書採択率にも関わってくるというので、各社とも教材の推薦・選定にはおのずと力が入る。他社に採られていない名作を探し出そうと血まなこになる。

全部で数百もの候補作品があがってくるが、実際に掲載されるのはほんの数点である。

	作品	作家	要望数
1	ごんぎつね	新美南吉	67
2	一つの花	今西祐行	45
3	モチモチの木	斎藤隆介	41
4	白いぼうし	あまんきみこ	38
5	スーホの白い馬	モンゴル民話	33
6	ちいちゃんのかげおくり	あまんきみこ	27
7	手ぶくろを買いに	新美南吉	15
8	おこりじぞう	山口勇子	13
8	チロヌップのきつね	高橋宏幸	13
8	つり橋わたれ	長崎源之助	13

文学教材聞き取り調査

さて、その「文学教材聞き取り調査」によると、中学年（三・四年生）で教科書に載せてほしい作品（複数回答）の上位は次のようになっている。

いずれも有名な教科書教材であるが、そのなかでも「ごんぎつね」は圧倒的な支持を集めていることがわかる。三人に一人がこの作品をあげている。ちなみに、低学年教材では「スイミー」（レオ・レオニ）が56票で第一位、高学年教材では「大造じいさんとガン」が57票で第一位だった。

先に述べたように、教科書の改訂のたびに新しい教材を必死になって探すのだが、これらの牙城を崩すのは並大抵なことではない。他にとって代わるべき作品が見つからないのである。これらを外して、別の作品を入れようものなら、たくさんの苦情が編集部に舞い込んでくることだろう。実際、「大造じいさんとガン」が小学校五年の教科書から消えたとき、現場の教師たちから反発や疑問の声があがった。子どもが気に入っているというだけでなく、教師もそれ以上に気に入っているのである。教科書編集者はこういう反応にひどく敏感である。おそらく「ごんぎつね」はこれからも教科書教材の不動の位置を占め続けるだろう。

次に、先の聞き取り調査における「ごんぎつね」の評価（一口コメント）も紹介しておこう。

・心のつながりや過ちのつぐないなど、これからの生き方を考えるうえでよい。
・何よりも読み手の心情に訴えるものがある。そういう作品は他にあまりない。
・かなり長編だが、子どもにぜひ読ませたい作品である。

・物語のなかにはハッピーエンドではない作品も必要である。
・ごんのつぐないや悲しい最期を味わわせたい。
・名作なので、今後もぜひ載せてほしい。
・永遠に国語教科書に載せてほしい！
・子どもはこういう作品をふだん読まないので、じっくりと作品と「格闘」させたい。
・つぐないをめぐる心の葛藤や行き違いを考えさせる名作である。
・すなおに感動できる作品である。

このように、多くの教師が内容的にも高い評価を与えている。

「はじめに」でも述べたように、「ごんぎつね」はどの教科書にも載っている。そして、実践報告も小学校の文学教材のなかで断然多い。それこそ数え切れないくらいの授業が日本中の教室で行われてきたのである。

「ごんぎつね」が教科書教材として長い歴史を持ち、多くの授業実践がなされてきたのは、作品に対する教師たちの熱烈な支持があったからである。

なお一般向けの調査では、「もう一度読みたい小学校の国語の教科書に載っていた名作を教えてください（複数回答）」という問いに対して、次のような結果が出ている。

1位　ごんぎつね（新美南吉）　二九・四％
2位　注文の多い料理店（宮沢賢治）　一九・七％
2位　スイミー（レオ・レオニ）　一九・七％
4位　手袋を買いに（新美南吉）　一四・五％
5位　スーホの白い馬（モンゴルの民話）　一一・八％

調査時期　二〇一四年三月八日〜一三日
調査対象　マイナビウーマン読者
調査数　男性一六七名、女性二七五名（計四四二名）
調査方法　インターネットログイン式アンケート

（https://news.livedoor.com/article/detail/8702442/　最終確認二〇一九年九月二七日）

「ごんぎつね」は他を大きく引き離していることがわかる。教師のみならず、一般の大人たちからも「ごんぎつね」は心に残る作品として圧倒的な支持を集めているのである。

第4章

「ごんぎつね」に隠された秘密

この章では、「ごんぎつね」という童話に隠された五つのエピソードについて紹介していきたい。作品の裏側をのぞき、作品の謎に迫ることによって、これまでの読み方が変わってくるかもしれない。また、作品の新たな魅力も発見できるかもしれない。

一 南吉の分身としてのごんぎつね―恋人M子の存在―

1 「ごん＝南吉」という読み方

「ごんぎつね」の本文をよく読むと、ごんは「子ぎつね」ではなく「小ぎつね」と表記されている。子どもの狐ではなく、若者の狐というイメージである。実際に、物語の展開を追っていくと、ごんが単なるいたずら好きではなく、思慮分別のある人物であることが読めてくる。

たとえば、村の様子がいつもと違うのを観察して、「葬式だ」と判断する場面、穴の中で自分のいたずらを反省する場面などから、ごんが冷静沈着かつ論理的に思考している様子がうかがえる。ここから、ごんを青年南吉の姿と重ねて読むという読み方が生じてくる。

第2章でも述べたように、佐藤通雅氏は南吉作品のなかに不遇な幼児体験（実母の死、養子の扱いなど）の影を見出そうとしているし、鳥越信氏は肉体的虚弱が他者（故郷の人びと）との間に大きな壁を作っているという自覚が作品の原点にあると考えている。確かに「ごんぎつね」の場合も、主人公ごんの孤独や疎外の状況をそうした南吉自身の問題と重ねて読んでいくことは可能である。

同じように作家論的な立場ではあるが、北吉郎氏は、また別の観点からこの問題を解明しようとしている。

北氏は、「ごんぎつね」を〈つぐない〉から〈求愛〉へと変容していく物語と捉えて、ごんの求愛の相手として登場している兵十の背後に、南吉の初恋の相手であり、ずっと思いを寄せてきたM子の存在があると指摘している。

確かに、「ごんぎつね」は単なる〈つぐない〉の物語ではなく、〈求愛〉の物語である。そうでないと、五の場面の最後で、ごんが「おれにはお礼を言わないで、神さまにお礼を言うんじゃあ、おれは引き合わないなあ」と思ったにもかかわらず、「そのあくる日も」栗を持って出かけるという行為の意味がわからなくなる。「兵十のかげぼうしをふみふみいきました」（五の場面）や「土間に栗が、かためておいてある」（六の場面）も同じである。そこには、明らかに兵十に対する思慕の念がある。そして、そうしたごんの兵十に対する思いが、南吉の恋人M子に対する思いと重なっているという指摘は大変にユニークで興味深い。

2　南吉の日記に見る熱い思いと冷めた思い

実際、作品執筆の時期に近い代用教員時代（昭和六年四月～八月）の日記を見ると、たびたびM子（またはａａとも表記）が登場する。南吉は母校である半田第二尋常小学校の二年生担任として、M子の弟を受け持つ。弟を通してM子に近づき、M子の方もだんだん南吉に心を寄せていくようになる。

それは登校の途。白い顔はM子！　私のM子は、M子の弟と一緒に行く私を、見えなくなるまで送つてゝくれた。（五月七日）

あゝ、遂々、あなたは、「あなたのａａ」と書かれた。それでは僕も「僕のａさま」と書かう。そして、「あなたの正八」と書かう。（七月八日）

家に帰つた今、またふでをとる。（中略）こんど、い丶機会が僕等を逢はせてくれたら、あなたは、あなたの方から口をきつてはいけない。僕の方から、ずんずん云ふ。まわりくどい事はよして、直線みたいな風に。二度目のランデヴーの機会の拾へる事を祈つてゐる。

（七月一一日）

こうして二人は逢瀬を重ねるようになる。しかし、南吉はその恋愛がけっして成就しないだろうということを自覚していた。この冷めた見方こそが南吉の特徴であった。そこには自分の身体的虚弱さの自覚（結核による夭折の予感）もあったが、むしろ他者との結びつき（心のかよいあい）に対する深い疑念や不信感の方が強かった。

「僕は世間一般の男と違ふ。肉体が虚弱である、精神が冷却してゐる。僕は結婚しても妻をあまりかへりみない。文学と孤独を愛するからだ」（昭和一〇年七月二六日の巽聖歌宛書簡）と自ら書いていることからもうかがえる。

巽のところから帰つて来て机の前にすはると、例の寂しさがやつて来た。何者も自分を慰めてはくれなかつた。虚無であつた。その時私は考へて見た。

「ａａと結婚したあとでもこんな寂しさが訪れて来るに違ひない。ａａと相擁してゐてもこんな寂しさはしのびこんで来よう。その時は私はどうすべきであらふか。」

（「メモ＆日記」昭和一一年四月一六日）

ここには最愛のＭ子と結婚しても「例の寂しさ」が襲ってくるだろうと書かれている。そうした根源的な孤独感や冷却感情は、幼年期における母の喪失感に由来するというのが北吉郎氏の見解である。

先にも述べたように、南吉の実母りゑは病弱で、南吉が四歳の時に他界する。六歳になって継母志んを迎えるが、まもなく父多蔵と離婚、南吉は実母の家（新美姓）に養子に出される。しかし、祖母との二人暮らしに耐えきれず三か月で新美姓のまま実家に戻るという不遇な幼少期を送った。母の喪失感はその後の人生に暗い影を落としていったのである。

3 「デンデンムシノカナシミ」という童話

南吉が二一歳（東京外国語学校四年生）のときに書いた「デンデンムシノカナシミ」と

いう幼年童話がある。次のような作品である。（原文はカタカナであるが、ひらがな表記と現代かなづかいに変えた。）

いっぴきの　でんでんむしが　ありました。
あるひ　その　でんでんむしは　たいへんなことに　きが　つきました。
「わたしは　いままで　うっかりして　いたけれど　わたしの　せなかの　からの　なかには　かなしみが　いっぱい　つまって　いるでは　ないか」
この　かなしみは　どう　したら　よいでしょう。
でんでんむしは　おともだちの　でんでんむしの　ところに　やって　いきました
「わたしは　もう　いきて　いられません」
と　その　でんでんむしは　おともだちに　いいました。
「なんですか」
と　おともだちの　でんでんむしは　ききました。
「わたしは　なんと　いう　ふしあわせな　ものでしょう。わたしの　せなかの　からの　なかには　かなしみが　いっぱい　つまって　いるのです」

と　はじめの　でんでんむしが　はなしました。
するとおともだちの　でんでんむしは　いいました。
「あなたばかりでは　ありません。わたしの　せなかにも　かなしみは　いっぱいです。」（以下略）

この童話は、ある意味で非常に象徴的な作品である。でんでんむしが背負った殻のなかに「かなしみが　いっぱい　つまって　いる」ということは、南吉自身が自らの宿命として悲哀を背負って生きていくということ、さらに言えば、人間は誰でもそういうものであるということを暗示している。

こうした南吉の状況を考え合わせると、「ごんぎつね」とは次のような作品ということになる。

「ごん狐」は、決して成就することのないM子に対する愛を、自らケモノの狐に擬することによって描出した深刻な作品である。

（北吉郎『新美南吉「ごん狐」研究』一九九一年、教育出版センター、一二六頁）

人間と狐という「壁」のある状態が、南吉にとって「自然な交流の形」であり、その「壁」が取り払われるとき、死や破局が生まれるという異常な状態（南吉にしてみれば常態）であるということになる。

結局、「ごんぎつね」に限らず、南吉文学の原点は、母の喪失感と身体的虚弱などが引き起こす〈不幸者意識〉であるというのが北の見解である。「心のふれあい・かよいあい」を求めつつも、人間と人間はついに理解し合えないものだ、深く結びつくことはないのだという人間観がそこにはある。

こう見てくると、南吉作品は本質的に、そうした絶望感・孤独感を背景とする切ない〈母恋い〉童話、さらに〈人間《ひと》恋い〉童話であるという北氏の評価は一定の妥当性を持っている。そうした〈求愛〉の空想世界が、現代もなお読者に新鮮な共感を呼び起こすという指摘も肯ける。

二 〈お城〉に象徴されるもの――封建時代の悲劇か？――

1 悲劇の本当の原因

「ごんぎつね」のテーマを考えるとき、悲劇を引き起こす根本的な原因となったごんと兵十の関係、即ち、お互いに正対・交流できないという疎外的な人物関係を把握しておくことは欠かせない。

西郷竹彦氏は、「ごんぎつね」における人間疎外の根本的な原因を「封建的な時代・社会」に求めている点が特徴である。

西郷氏は、すでに一九六五年に開かれたパネルディスカッションにおいて、「ごんぎつね」の悲劇を「個人的なもの」とみるのではなく「社会的なもの」とみることの必要性を指摘していた。しかも、そういう観点から見ると、「ごんの悲劇を社会的な悲劇として描ききれていない」のであり、そこに南吉の「思想的な限界がある」という教材批判を展開したのである（西郷竹彦・浜本純逸・足立悦男編『文学教育基本論文集４』一九八八年、明治図書、二〇六~二〇九頁)。

この「社会的な悲劇」というテーマの捉え方は、その後『教師のための文芸学入門』のなかでさらに具体的に展開されていく。

この作品の世界は「城」というものに象徴されているような封建的な時代・社会であり権力支配下にある村共同体のはらむ矛盾(連帯と疎外)の状況です。ここに悲劇をひきおこす真の根元があるのです。

(同書、一九七頁)

2 〈お城〉の意味するもの

西郷氏は、作品中に〈お城〉がたびたび出てくることに注目する。

①むかしは、私たちの村のちかくの中山というところに小さなお城があって、中山さまというおとのさまが、おられたそうです。

②いいお天気で、遠く向こうには、お城の屋根瓦が光っています。

③中山さまのお城の下を通ってすこしいくと、細い道の向こうから、だれか来るようです。
④お城の前まで来たとき、加助が言い出しました。
「さっきの話は、きっと、そりゃあ、神さまのしわざだぞ。」

重要な場面で、なぜこんなに〈お城〉の説明や描写がされているのか。西郷氏は、そこから封建的な時代背景を問題にする。

西郷氏は、いわし屋が兵十を殴ったことや加助が人間世界の出来事を神様のしわざにしたことを個人的な性格（短気で怒りっぽい、迷信ぶかい）によるものと考えてはならないと言う。「おたがいにまずしい人間同志《ママ》でありながら話が通じあわないという世界」の「矛盾」こそが問題の本質だと考えるのである。

以来、西郷氏を代表とする「文芸教育研究協議会」では、「封建的な時代・社会というものをぬきにしては考えられぬ村共同体の状況がひきおこした悲劇」という読みを継承してきた。一九九一年八月の第26回札幌大会における授業報告でも、教師や子どもたちは、悲劇の原因を「人のことなどかまっておれない封建社会」「封建社会で思いが言い合えない状況」に求めている。次の感想文はその一例である。

殺して殺されてむすばれるなんてとてもいやなことだな。やっぱり話し合ったほうがよかった。ほうけん社会で人のことなどかまってはいられなかったので話ができなかった。だからそんなむごいことがおきてしまった。

ある意味ではユニークな作品理解である。しかし、こうした読みでよいのだろうか。その妥当性については検討の余地がある。

確かに、〈中山さまというおとのさまがおられた〉ということは時代背景として重要である。しかし、「人間疎外（話し合いの関係が断ち切られている）の状況こそが、人間を不幸にし、悲劇をもたらすものである」という作品の思想は、封建社会における人間関係（西郷氏の言う「村共同体のはらむ矛盾」）として考えるよりも、まず、それ以前の人間と狐の原初的な関係として考えるべきではないだろうか。そこには、対話が成立しないという人間の姿が寓意されている。その方が作品内在的で根源的な読みと言えよう。

西郷氏は、次のように述べている。

不幸があるといえば、おたがいに手つだいあい、たすけあうという村のなかの、ささえあい、つながりあう人間の関係がありながらその半面、他人のことどころではない、他人の不幸にそこまで親切にはしておれないという、ふるい昔の村のなかの人間関係もみられます。それは、おたがいに背なかをむけあった、顔をそむけあった、知らぬ顔したばらばらな人間関係といえましょう。

（西郷前掲書、一五三頁）

確かに、こうした人間関係が「封建的な時代・社会」の一面だとしても、それは「ごんぎつね」の本文からは読みとることができない。にもかかわらず西郷氏は、その観点から、兵十が栗や松茸を〈神さまのしわざ〉にしてしまうのは、「そこまで心やさしくしてくれるものがいない」ということに起因すると考えるのである。

これは作品外の既成概念を無理にあてはめた読みである。この場面は、庶民の素朴な神仏信仰が表れていると考えた方が自然である。「おたがいに背なかをむけあった、顔をそむけあった、知らぬ顔したばらばらな人間関係」というのは言い過ぎであろう。

むしろ、封建的な時代状況については、貧しい村人から見た〈いたずら〉の重大性と関連づける方が説得力がある。ぎりぎりの生活を強いられている百姓にとっては、それこそ自分たちの生活が脅かされるほどの〈いたずら〉なのだということである。子どもたちにはそこにこそ目を向けさせるべきだろう。

3 まっすぐに読むこと―「きつねだから殺されたのだ」―

岩沢文雄氏はかつて、「ごんは、きつねだから殺されたのだ。それだけのことだ」と明快に指摘した。ごんが死ななければならなかったのは、農民の生産活動を阻害するいたずら者であり、しかも、ごんが読者の目から見れば擬人化されているにもかかわらず、兵十や村人から見ると人間ではなく、単なるきつねだったからである。これは、「ごんぎつね」を読むときの原点になるべきである。

西郷氏の読みは「社会的思想的テーマで拡大解釈」したものと言われても仕方ないだろう。「人間疎外の状況」はあくまでも作品のなかに描かれた人物の意識と行為を通して追求すべきである。あくまでも作品に密着して、まっすぐに読むことが基本なのである。

二〇〇四年一一月に開かれた第一一回読み研・文芸研合同研究会でも、西郷氏は「この悲劇の背景には中山様のおしろに象徴される封建的な時代と社会がある」という「形象の象徴性」を強調していた。しかし、肝心な場面で〈お城〉という言葉が四回も出てくることの意味を考えるべきだと言われても、そもそもその形象性は薄い。封建社会の悲劇なら、もっと作品中にそうした具体的な問題が描かれるはずである。「いわし屋」にぶんなぐられるのも、栗や松茸を「神さまのしわざ」にするのも、その状況ではやむを得ないことであって、けっして「人と人とがつながり合わない封建時代」のせいではない。兵十から見ると、ごんはただの「ぬすっとぎつね」なのである。撃たれたのはそれ以外に理由はない。

もちろん、西郷氏が提起した封建制度の問題は、「ごんぎつね」の読みにおいて無視することはできない。しかし、作品の象徴的な解釈が行き過ぎると危険な面が伴うことも知っておくべきだろう。

三　ごんぎつねの生き方—キーワードとしての〈穴〉や〈裏〉—

1　日陰者としてのごん

先に、「ごんぎつね」では、ごんと人間（兵十）との疎外関係が表現されているということを見てきた。それを象徴しているキーワードが〈穴〉と〈裏〉である。それらがどこでどのように使われているか、その頻度と用例を見ていこう。

〈穴〉

①ごんは、一人ぼっちの小ぎつねで、しだのいっぱいしげった森の中に穴をほって住んでいました。

②二、三日雨がふりつづいたその間、ごんは、外へも出られなくて、穴の中にしゃがんでいました。

③雨があがると、ごんは、ほっとして穴からはい出ました。

④ほら穴の近くの、はんの木の下でふりかえってみましたが、兵十は追っかけては来ませんでした。

⑤ごんは、ほっとして、うなぎの頭をかみくだき、やっとはずして、穴のそとの、草の葉の上にのせておきました。

⑥その晩、ごんは、穴の中で考えました。

⑦兵十の家の裏口から、家の中へいわしを投げこんで、穴へ向かってかけもどりました。

〈裏〉

①百姓家の裏手につるしてあるとんがらしをむしりとって、いったり、いろんなことをしました。
②ごんが弥助というお百姓の家の裏を通りかかりますと、そこの、いちじくの木のかげで、弥助の家内が、おはぐろをつけていました。
③鍛冶屋の新兵衛の家のうらをとおると、新兵衛の家内が、髪をすいていました。
④兵十の家の裏口から、家の中へいわしを投げこんで、穴へ向かってかけもどりました。
⑤裏口からのぞいてみますと、兵十は、昼飯を食べかけて、茶椀をもったまま、ぼんやりと考えこんでいました。
⑥それでごんは家の裏口から、こっそり中へはいりました。
ちなみに、類義語として〈かげ〉や〈かくれて〉という語句も登場する。
・六地蔵さんのかげにかくれていました。
・道の片がわにかくれて、じっとしていました。
こう見てくると、〈穴〉、〈裏〉という語句の使用頻度が高いことがわかる。〈穴〉は七回、〈裏〉は六回出てくる。いずれも暗く陰湿なイメージを喚起する語句（イメージ語）・感覚表現である。

ごんはやはり、日陰者で人間社会から疎外された人物として登場するのである。言い換えれば、アウトロー的な存在である。家族がいないという点では同じ境遇にありながら、兵十とはけっして交わることができない。それどころか、いつも人目を忍んで行動せざるを得ないのである。そういうイメージが〈裏〉や〈かくれて〉などの反復によって強調されている。濱森太郎氏は、これを「『裏口』接近行動」「『のぞき』観察行動」と呼んでいる（「『ごんぎつね』の消された境界」『日本文学』一九八四年八月号、六五〜六六頁）。

2　思いの深まりと危険のジレンマ

ごんは人間界に対して常に裏側からしか接近できない悲しい存在なのである。危険だと知りつつ人間に近づくごんの関心や思いの深さという面が強調されるべきである。

先行実践を見ると、「いつでも隠れているね。そういうところを捜してみよう」という学習課題を立てて、「仲良くなりたくてもなれない」というごんの屈折した心理を子どもから引き出している実践がある（石井順治『子どもとともに読む授業』一九八八年、国土社、一四二〜一四四頁）。また、「かくれないと生きていけない世界にいるごんなんだね」

とまとめている実践もある（永田喜久『文学教材の読み方指導③ごんぎつねの授業』一九八八年、桐書房、一一五頁）。

さて、ごんの棲み家である〈穴〉にもう一度着目してみよう。

本文を見ると、〈中山からすこしはなれた山の中〉の〈しだのいっぱいしげった森の中〉に〈穴〉をほって住んでいたというように、幾重にも人間界から隔絶している。人里から離れて、ひっそりと暮らしている様子がうかがえる。先に述べたようなごんの生きる状況の厳しさを物語っている。

〈穴〉という語句は、一の場面に多く使われている。それが二の場面以降ほとんど使われなくなるのは、ごんが人間社会とりわけ兵十の周辺に近づく機会が増えたことを示している。行動や生活の拠点が移っていったのである。

こうして、人間社会に近づけば近づくほど、すなわち兵十に寄せる思いが深まれば深まるほど、身の危険が増大するというジレンマに陥っていく。〈裏〉や〈かげ〉を選んで行動しても限界があるのだ。後半に向かって〈穴〉が減少することは、結末の悲劇が起こる前兆と言えよう。

ごんの生き方、人間との断絶・疎外の関係が、〈穴〉〈裏〉〈かげ〉〈かくれて〉などのキーワードによって強調されていることがわかる。

四 「ごんぎつね」は誰が書いたのか―本文の問題その1―

1 草稿「権狐」と「ごんぎつね」との違い

「ごんぎつね」は、南吉が半田第二尋常小学校代用教員の時代（昭和六年）に執筆された。一八歳のときの作品である。「スパルタノート」と言われる自家製ノート（昭和五年五月～翌年一二月につくった短歌・散文が記されている）のなかに草稿「権狐」がある。日付は一〇月四日となっている。この日に完成・脱稿したのだろう。南吉はそれを『赤い鳥』（鈴木三重吉が大正七年に創刊した児童雑誌）に投稿し、さっそく昭和七年一月号に「ごん狐」として掲載された。彼にとって、童話としては「正坊とクロ」（昭和六年八月号掲載）、「張紅倫」（同年一一月号掲載）に続いて三度めの入選である。

その目次を見ると、次のような大家の作品がならんでいる。

「山の月夜」（曲譜）　山田耕作
「オロチョン」（童謡）　北原白秋
「そり」（童話）　鈴木三重吉
「ごん狐」（童話）　新美南吉
「子ども」（童話）　浜田綾子
「ダイヤと電話」（童話）　坪田譲治

ただし、表題が「権狐」から「ごん狐」に書き改められたことに見られるように、鈴木三重吉が大幅に手を入れたものとなっている。当時は無名に近かった南吉にしてみれば、三重吉は絶対的な存在であった。人の原稿に手を入れる三重吉の補筆癖は有名で、雑誌掲載にあたって、こうした手入れをすることは日常的であった。南吉も口をはさむ余地はなかったのだろう。あの芥川龍之介の「蜘蛛の糸」にも手を入れたと言われているくらいである。

さて、草稿「権狐」と定稿「ごん狐」（本書では「ごんぎつね」と表記している）を見比べると、かなり大きな異同がある。語句や方言や表記などの細かい修正点を除いて、主なものをあげておく。（草稿については、巻末に資料として載せている。）

⑴冒頭部の違い

草稿の書き出しを見よう。

> 茂助と云ふお爺さんが、私達の小さかつた時、村にゐました。「茂助爺」と私達は呼んでゐました。茂助爺は、年とつてゐて、仕事が出来ないから子守ばかりしてゐました。若衆倉《わかいしゅぐら》の前の日溜で、私達はよく茂助爺と遊びました。
> 私はもう茂助爺の顔を覚えてゐません。唯、茂助爺が、夏みかんの皮をむく時の手の大きかつた事だけ覚えてゐます。茂助爺は、若い時、猟師だつたさうです。私が、次にお話するのは、私が小さかつた時、若衆倉の前で、茂助爺からきいた話なんです。

この部分は、定稿「ごん狐」では大幅に削除・修正されている。〈茂助爺〉が〈若衆倉〉の前で語った話であるという前書きを付けることで、物語としてのリアリティは高まる。しかし、鈴木三重吉は、童話ということを考えて、〈これは、私が小さいときに、村の茂平というおじいさんからきいたお話です〉というように、もっとすっきりと物語の世界に入っていけるようにしたのだろう。

なお、木村功氏は、「権狐」の冒頭の語り手が「殆ど消去」されたことは「時代性・地域性など口承の影響を残すテクスト」が「近代的な物語性をもった文字テクストへと変換された」ことを意味すると述べている（『賢治・南吉・戦争児童文学〜教科書教材を読みなおす〜』二〇一二年、和泉書院、一〇二頁）。

また北吉郎氏は、「茂助爺（猟師）＝兵十」という立場から、草稿の前書きは「物語全体との精緻な関連」を持っているとして、三重吉の改稿を否定的に評価している。つまり、茂助爺は兵十その人であり、かつての自分の「過ち」を語って聞かせたという設定になるというのである（北前掲書、一〇九〜一一〇頁）。

(2)ごんの呼称

次に、草稿では、地の文におけるごんの呼称がすべて〈権狐〉となっている。定稿では〈ごん〉という形に書き改められている。

前者の場合、語り手が中立的・客観的にごんを眺めて語っているように感じられる。それに対して、後者の場合は、ごんに親しみをこめて、ごんによりそう形で語っているのである。

先に述べたように、視点の構造を見ても、六の場面の途中までは語り手がごんの側から語っている。ごんによりそったり重なったりして、その行動や心情を語っている。その意味では、読者がごんに同化・共感しながら読んでいくように仕掛けているのである。

しかし、ごんは最後の場面で兵十に撃たれてしまう。読者はそのとき心の中で「兵十、撃つな」と叫ぶだろう。そして、兵十に寄せる思いが通じなかった悲しさ、やりきれなさを感じるだろう。こうした悲劇性や不条理性を高めるうえで、〈ごん〉という愛称で語ることはとても効果的である。

(3)描写や説明などの削除

草稿には、改稿にはない描写や説明がいくつかある。その主なものをあげておく。

【一の場面】

・権狐は、外へ出たくてたまらないのをがまんして、洞穴の中にかゞんでゐました。

↓ごんは、外へも出られなくて穴の中にしやがんでゐました。

・鰻のぬるぬるしたはらは、秋のぬくたい日光にさらされて、白く光つてゐました。

↓全文カット　（場面の最後）

【二の場面】

・けれど、いつまでもそんな所にゐて、見つかつては大変ですから、権狐は、兵十の家の前をこつそり去つて行きました。↓全文カット

（「兵十の家のだれが死んだんだらう」と〈お午がすぎると〉の間）

・こほろぎが、ころろ、ころろと、洞穴の入り口で時々鳴きました。↓全文カット　（場面の最後）

【三の場面】

・そして権狐は、もう悪戯をしなくなりました。↓全文カット　（場面の最後）

【五の場面】（草稿では四と五が一つになっている）

・権狐は、神様がうらめしくなりました。↓全文カット　（場面の最後）

こう見てくると、とくに各場面の終わり方をめぐって、二つのことが指摘できる。

第一は、草稿では場面の終わりが〈鰻〉や〈こほろぎ〉の描写文で終わっているが、改稿では削除されている点である。南吉の意図としては、事件や出来事のあとに余情・余韻

を残そうとしたのではないかと推測できる。しかし、三重吉は童話としてのシンプルさを重視して、物語をすっきりした形で書き進めるようにしたと考えられる。

第二は、ごんの行為や心情を直接的に説明している部分をカットしていることである。ここでも、童話としてのシンプルさということを考慮すると、ごんがいたずらをしなくなったこと、神様をうらめしく思ったことなどについては、三重吉は書きすぎていると判断したのだろう。

⑷撃たれた後のごんの描写

草稿「権狐」では、次のようになっている。

・権狐は、ぐつたりなつたま丶、うれしくなりました。兵十は火縄銃をばつたり落しました。

ここは、「ごん狐」では、〈ごんは、ぐったりと目をつぶったま丶、うなずきました。兵十は、火縄銃をばたりと、とり落しました〉となっている。

ごんは、ここで自分の行為がやっと理解されたということを知る。草稿では、〈うれしくなりました〉と直接的に心情が語られている。語り手がごんに同化（一体化）しているのである。そこに語り手の思いが入り込む隙間はない。

ところが、定稿では、あえてごんの心情を明示せず、読者の想像の余地を残すような書き方になっている。そこには、単に「うれしい」とばかり言えないという語り手の複雑な思いが表れているのである。これについては、物語的な書き方から小説的な書き方にシフトしたという指摘もある。

また、〈とり落しました〉という複合動詞にも、単に〈落しました〉と比べて、兵十の衝撃の大きさ、茫然自失の心境がうまく表出されていることがわかる。〈ばたり〉というオノマトペがそれを暗示している。

なお、〈ぐつたり〉はどちらの原稿にも使われている。〈ばたりとたほれました〉ともひびきあって、ごんが致命傷を負ったことを表している（草稿でも〈ばつたり倒れました〉となっている）。子どもたちが、「ごんを動物病院に連れて行けば治る」「兵十が一生懸命に介抱したら元気になった」などと解釈するのは、この点を読み落としているのである。

こう見てくると、三重吉による改稿は、南吉の草稿を大きく作り変えてしまうものではなかったと言えよう。むしろ、童話としての簡潔さ・わかりやすさということを基本に据えながら、その意図をよりよく生かそうとする手入れであったと見ることができる。筋や構成などにはいっさい手をつけていないからだ。

童話作家としては成熟しきっていない一八歳の南吉作品が文体面でさらに洗練されたと評価すべきだろう。（なお木村功氏は、本文の改変の特徴として、先の「冒頭部の語り手の消去」の他に、構成の変更（五章立てから六章立て）、表現の訂正・補正、地域性の削除、語句の平易化、「贖罪（つぐない）」の強調をあげている（木村前掲書、八九頁）。

(5)〈納屋〉と〈物置〉の混在

定稿の六の場面を見ると、それまでに出てきた〈物置〉に加えて、新たに〈納屋〉ということばが出てくる。

〈兵十は物置で縄をなっていました〉

〈兵十は、立ち上がって、納屋にかけてある火縄銃をとって、火薬をつめました。〉

草稿は、すべて〈納屋〉で統一されている。ここだけ〈納屋〉が残っているということは、鈴木三重吉の修正ミスとされている。つまり、〈納屋〉をすべて〈物置〉に改めるという方針で手を入れていたのだが、ここだけ見落としてしまったということである。現在使われている国語教科書もすべて〈なや〉がそのままになっている。

この違いをめぐって、子どもたちから「先生、おかしいよ」という声があがっている。

ある教室では、「兵十の家に〈物置〉と〈なや〉があるのはおかしいよ」という疑問が出された。その理由は、「物置にいた兵十がなやに火縄銃を取りに行っている間にごんは逃げてしまうからだ」というものであった。すると、それを聞いていた他の子どもからも疑問の声があがった。「兵十の家は貧しいんだから、物置もなやもあるのはおかしい」という別の理由である。子どもたちの疑問はもっともである。こうした発言をきっかけにして、子どもたちは南吉の草稿「権狐」の本文を読んで、そこには〈物置〉がなく、すべて〈なや〉に統一されていたことを知る。子どもたちの疑問が本文批評（テクストクリティーク）という探究的学習に発展している。とてもアクティブで豊かな学びである。（この授業は、第45回日本教育方法学会の課題研究（二〇〇九年九月二六日、香川大学）における豊田ひさき氏の実践報告をもとに私が再構成したものである。）

2　全集や教科書の本文はどうなっていたか

南吉作品は、これまで、教科書だけでなく自主教材としても数多く取り上げられてきた。

また、童話集や全集としてもさまざまな出版社から作品が刊行されてきた。しかし、欠陥のある本文を用いたことによって、文学的な価値や感動を弱めてしまうケースも少なくなかった。

(1)全集の本文はどうなっていたか

ここでは、巽聖歌・滑川道夫責任編集『新美南吉全集1　童話集(I)』(一九六五年、牧書店)を見てみよう。これは、一九六〇年の『新美南吉童話全集』(全三巻、大日本図書刊)に続く二度目の全集である。その後の『校定新美南吉全集』(大日本図書)の本文と比べると、かなり異同があるが、そのうち特に重要と思われるものをあげておきたい。

> その中山から、すこしはなれた山の中に、「ごんぎつね」というきつねがいました。ごんは、ひとりぼっちの子ぎつねで、しだのいっぱいしげった森の中に、あなをほってすんでいました。

この全集は、残念なことに、本文の校訂・照合が不十分だったために、〈小ぎつね〉が

〈子ぎつね〉となっている。これは、ごんの人物像に関わる重大な相違である。この本文を読むと、ごんは子どもの狐であるから、いたずらも無邪気な子どもゆえの行為ということになってしまう。

これに対して、〈小ぎつね〉は小さい狐であるから、必ずしも子どものイメージに限定されない、広がりのある読みが可能になる。実際、ごんは非常に思慮深いし、自分の行為を客観的かつ理知的に反省するという能力も備わっている。やんちゃな子ぎつねというイメージはそこにはない。

また、本全集をテキストとする限り、先に紹介したような「ごん＝青年南吉」という作者論的な読み方もできなくなってしまう。

そのとき兵十は、ふと顔をあげました。と、きつねが家の中へはいったではありませんか。こないだ、うなぎをぬすみやがったあのごんぎつねが、またいたずらをしにきたな。

「ようし。」

兵十は立ちあがって、納屋にかけてある火なわ銃をとって、火薬をつめました。そして、足音をしのばせて近よって、いま戸口を出ようとするごんを、ドンと、うちました。

兵十はかけよってきました。家の中を見ると、土間にくりがかためておいてあるのが、目につきました。

（傍線は鶴田）


クライマックスの場面である。ここには二つの問題がある。

第一に、傍線部〈ごんぎつね〉は本当は〈ごんぎつねめ〉が正しいのだが、〈め〉という蔑称が抜け落ちていることである。これでは、兵十のごんに対する憎悪が十分に表現されないことになる。

第二に、〈ドンと、うちました〉のあとに、〈ごんは、ばたりとたおれました〉の一文が欠落していることである。これも重大なミスである。この一文があることで、小さなごんの命を奪うには十分すぎるほどの威力をもつ火縄銃がクローズアップされ、ごんの死は確定的になる。逆に言うと、この本文を使った場合、ごんの傷は治ったという解釈をさらに多く生み出しかねない。

要するに、この全集の本文をテキストとして読んだ場合、文学研究者の関口安義氏も指摘しているように、文学的な価値や感動を保障できないということになりかねないのである（『文学教育の課題と創造』一九八〇年、教育出版）。

なお、この全集では〈兵十〉の読み方が「へいじゅう」となっていることも指摘しておきたい。教科書もこれにならって、「へいじゅう」と読ませていた時期がある。もちろん「ひょうじゅう」が正しい。

⑵教科書の本文はどうなっていたか

次に、教科書本文の歴史を見てみよう。

◆「かためておいてある」と「散らばっている」の違い

「ごんぎつね」の教材研究・授業実践は、すでに昭和三〇年代から行われている。しかし、当時の教科書には杜撰な本文を用いているものが多かった。

> 兵十は立ち上がって、柱にかけてある火なわ銃を取って、火薬をつめました。そして、足音をしのばせて近より、今、戸口を出ようとするごんを、ドンと打ちました。

兵十は、かけよって行きました。家の中を見ると、土間に散らばっているくりが目につきました。「おや。」と兵十はびっくりして、ごんに目を落としました。
「ごん、おまえだったのか、いつもくりをくれたのは。」
ごんは、ぐったり目をつむったまま、うなずきました。
兵十は、火なわ銃をパタリと取り落としました。青いけむりが、まだ、つつ口から細く出ていました。

（A社・昭和三五年版）

この教科書には、先の『新美南吉全集』（牧書店）と同じく、〈ごんは、ばたりとたおれました〉という重要な一文が欠落しているだけでなく、〈土間に散らばっているくり〉という本文の書き変えも見られる。栗が〈かためておいてある〉という本文と比較すると、兵十に対するごんの思いの深さ、切実さというものが〈散らばっているくり〉では表現されないのである。むしろ、その辺に無造作に投げ込んであるというイメージが強調されてしまう。

また、三の場面で、ごんが鰻の償いとして、家の中へ鰯を投げこんでいったときと比べると、六の場面で〈かためて〉置くときは、ごんの兵十への思いは格段に高まっているはずである。

〈いわし屋のやつに、ひどい目にあわされた〉ことを知って、ごんは同じような境遇の兵十に対する同情・共感、あるいは疎外された人物同士としての親近感・一体感をますます深めていったからである。このような心情の変化がこのテキストではまったく捨象されてしまうのである。

◆「おっかあ」と「おかみさん」の違い

なお、この教科書では、〈兵十のお母〉が〈兵十のおかみさん〉と書き変えられている。これも大きな問題である。「おかみさん」とすることによって、兵十の人物像（年齢など）だけでなく、ごんの境遇の問題とも関係してくるからである。

つまり、ごんが〈おれと同じ一人ぼっちの兵十か〉と認識することによって、兵十への共感や親近感を深めていくとき、母親を亡くしたという条件が重要な意味を持っているからである。

ごんはいたずらばかりする小ぎつねである。生まれたときからの孤児というイメージである。ごんも母親のいない寂しさを感じていたのだろう。だからこそ、兵十の気持ちがわかるのである。北吉郎氏も、「死んだのが『おかあさん』であることにより、兵十のひとりぼっちはごんと共通基盤に近づくのである」と述べている（「小・中学校教科書掲載新美南吉作品の変遷」『文芸教育』No.59、一九九二年、一六七頁）。作者論的に見ても、ごんは幼くして生母を失った南吉の姿と重なってくる。

なお、〈パタリと取り落としました〉というオノマトペも問題であるが、これについてはあとで論じる。


兵十は、立ち上がって、物置きに置いてある火なわじゅうを取って、火薬をつめました。そして、足音をしばせて近より、今、戸口を出ようとするごんをねらって、ドンとうちました。

兵十は、かけよっていきました。家の中を見ると、土間に、クリが置いてあるのが目につきました。

「おや？」

びっくりして、兵十は、ごんに目を落としました。

「ごん、おまえだったのか。いつもクリをくれたのは。」

ごんは、ぐったり目をつぶったまま、うなずきました。
兵十は、火なわじゅうを、バタリと落としました。青いけむりが、まだ、つつ口から細く出ていました。
（A社・昭和三九年版）

この教科書も大同小異で、やはり〈ごんは、ばたりとたおれました〉の一文が欠落している。また〈かためて〉という重要な表現も欠落している。

◆「たまは、ごんの足にあたりました」？

以上はほんの一例であり、昭和三〇年代から四〇年代にかけて、教科書では原典無視の改ざんが横行していたのである。

最もひどい例としては、〈ごんは、ばたりとたおれました〉が〈たまは、ごんの足にあたりました〉と書き変えられている教科書があった。おそらく「ごんが死ぬのはかわいそうすぎる」という声に対する「教育的配慮」であり、当時はさまざまな事情もあったのだろう。しかし、そうなると、ごんは足のケガで済んだ（死には至らなかった）ということになり、まったく別の物語になってしまう。

その後、原典尊重の声が高まるとともに教科書本文は改善されてきた。〈子ぎつね〉↓〈小ぎつね〉もその成果である。現行教科書の「ごんぎつね」は、読点の位置や漢字・仮名づかい・送り仮名などの表記面を除くと、『校定新美南吉全集』（大日本図書）の本文とほぼ同じものになっている。

ところが、いまだに、〈ごんは、パタリとたおれました〉とか〈兵十は、火なわじゅうをパタリと、とりおとしました〉といった欠陥のあるテキストを用いて教材研究をしているケースが見られるのは残念である。「ごん狐」の本文を見ると、この部分は両方とも〈パタリと〉ではなく〈ばたりと〉と記されている。

ここでの〈ばたりと〉と〈パタリと〉の違いは重大である。いずれの場合も、〈パタリ〉というオノマトペに比べて、〈ばたり〉というオノマトペの方がはるかにすぐれた形象性（イメージ）を持っているからである。

それまで兵十に対する善意にみちた償いの行為、しかもそれに気づいてほしいという願いの込められた行為を繰り返してきたごんが、その相手である兵十の銃弾に倒れてしまった情景の描写は、〈パタリ〉ではあまりにも軽すぎる。孤独のなかで兵十に思いを寄せてきたごんの生命の重みが、読者に伝わってこなくなるのである。

また、小さいごんの命を奪うには十分すぎる威力を持つ、ずしりと重い火縄銃のイメージ、さらに事情を知った兵十が自分のしでかしたことの非の大きさに気づいて、茫然自失の状態に陥り、火縄銃を手からとり落とした様子、さらにその後の兵十の沈痛な表情と深い悔恨に満ちた心理の描写としては、〈パタリと、とりおとしました〉というオノマトペではあまりにも弱すぎるのである。

この部分は、どうしても〈ばたりと〉でなくてはならない。

文学の授業では、このようなすぐれたテキストを用いることによって、教師と子どもたちの間でより豊かで深い読みを生成していくことが肝要である。

こうした問題を解決したのが、一九八〇年の『校定新美南吉全集』の刊行である。精密な校訂作業によって信頼できるテキストが確定したのである。これは新美南吉研究に欠くことのできない必携文献である。南吉作品の出版においても教材化においても、この全集を利用することが常識となりつつある。

五　〈兵十はかけよってきました〉をめぐる謎―本文の問題その2―

１「かけよっていきました」に書きかえよ!?

教科書や教材のレベルで、信頼できるすぐれたテキストを用いることの重要性は今まで述べてきた通りだが、そういう観点から「ごんぎつね」を見ると、非常に微妙な表現があることに気づく。

ここでは特に、六の場面にある〈兵十はかけよってきました〉という一文を取り上げてみることにしたい。「ごんぎつね」の表現で、過去にこれほど多くの論議を呼び起こしたものは他にないからである。

◆「かけきよってきました」と「かけよっていきました」の違い

事の起こりは、西郷竹彦氏が『教師のための文芸学入門』（一九六八年、明治図書）のなかで、この一文が「文芸学的には大きな問題がある」と指摘したことに始まる。

西郷氏は、自らの文芸学理論（視点論）に基づいて、この場面（そのとき兵十は、ふと顔を上げました。～ごんは、ぐったりと目をつぶったまま、うなずきました）が「兵十の視角から構成されている」こと、したがって「読者も兵十とともにごんの方へかけよっていくところ」であることを明らかにしたうえで、本文を「かけよっていきました」に訂正することを提案したのである。

以後、この問題はさまざまな論議を呼び起こしていく。

西郷説に対して強い異論を唱えたのは安藤操氏である。安藤氏は、もともと西郷氏の視点論に対する疑問を表明していた。その「教条的公式的強引さ」を指摘するのである。〈かけよってきました〉の問題も、視点論にしたがって作品を強引に訂正しようとしているると批判したのである。

安藤氏は〈兵十はかけよってきました〉のままでよいとする積極的な理由について次のように述べている。

ここの部分は、倒れたごんのそばに兵十が近づいてくることに対して、読者が危機感をそそられるのである。それは、ごんの身になって感じるという、氏の同化論としてではなく、読み手として、兵十とごんの両方をイメージとして見すえているからこそ、感じるのである（中略）。兵十の立場にたって、近よっていくという書き方では、読み手の危機感は弱まってしまう。（中略）要するに、ここでは、助詞のはによる両者の並置された緊張関係と対応関係が大切なのである。それは、作者の心にくいばかりの配慮のあらわれなのであって、決してミス・プリなどによるものではなかろう（中略）。（ごんは、ぱ《ママ》たりとたおれました。兵十はかけよってきました。）の両者の対応・緊張関係が読み手を強く魅きつけるのである。視点論の「わたし」の代入法では、おかしいのであろうが、作品としてはちっともおかしくないのである。

（安藤操『文学教育～その実り豊かな実践のために～』一九七八年、新評論、一三九頁）

このように、安藤氏は、読者の文学体験（危機感）が作品の「視点」の構造ではなく、むしろ助詞「は」の使い方（並列関係）に強く影響されていると考えるのである。確かにこの場面では、「ごんは～、兵十は～」と間髪を入れずにたたみかけることによって緊張感を高める方法が使われている。安藤氏は、そこに作者の工夫を見出すのである。これは注目すべき見解であると言える。

また、藤原和好氏も「原文のままでいい」とする立場から、右の安藤論もふまえつつ、次のように述べている。

六の場面に到ると、読者は、よく言われているようにごんの視点から兵十の視点に移るわけではありません。そうではなくて、ごんの視点から、ごんの視点と兵十の視点の両者の視点をともに持ちながら、その両者を超えた地点に立たざるをえないのです。それが自然の読みというものです。（中略）読者は、「ごんは、ばたりとたおれました。」と書いてあると、思わずごんのそばにとんでいき、「ごん、だいじょうぶか。」と、ごんをのぞき込むのではないでしょうか。「してやったり」とばかりごんにかけよる兵十よりも、読者の意識は一瞬早くごんのそばにかけよっています。その読者の意識からしてみれば、「兵十はかけよっていきました。」ではなくて、「かけよってきました。」のほうがぴったりとした表現なのではないでしょうか。

（藤原和好『文学の授業と人格形成』一九八一年、部落問題研究所、五六〜五七頁）

これは、作品における視点の構造やその整合性よりも、鑑賞主体としての「読者の意識」に着目した解釈である。つまり、作品の視点のありようとは独立に、読者の視点が自由に移動することを前提としている。

これは、読者の文学体験そのものを優先した説明である。読みの過程で事件の展開（銃撃）を知った読者が、イメージの世界で語り手よりも早くごんのもとに駆けつけているはずだという考え方はそれなりに説得力がある。

2　作者の間違い？―子どもたちの発言から―

この問題を議論しているのは研究者だけではない。実は子どもたちもそれに加わっている。大森修学級のある子どもは、次のように書いている。

この六の場面では、兵十の目から見ているのに、ごんの目から見ている「兵十はかけよってきました」のところがあるとは、おかしいのである。それを、私は作者のまちがいではないかと考える。（中略）だから、正しく直すと、「兵十は、かけよっていきました」となると考える。でも、私は作者ではない。だから、もしかして、作者はそこだけごんの目から見ている方が、ごんがまだ生きているというようなことが、読者によく分かるのではないかと考え、そこだけごんから見ている方に話者をうつす。となれば、それで正しいと考える。だが、六の場面は兵十から見ているものが多いので、六の場面は兵十の目から見ている。とすると、まちがいだと考える。

（大森修『国語科発問の定石化』一九八五年、明治図書、三〇頁）

四年生とは思えないほど鋭い分析である。これも安藤氏と同様、作者の工夫の問題として表現効果にまで踏み込んでいる。しかも、独自の視点論的な説明であり、確かに一理ある。「そこだけごんの目から見ている方が、ごんがまだ生きているというようなことが読者によく分かるのではないか」という指摘は鳥肌が立つほどだ。

ただしその場合、なぜ、「兵十が〜」ではなく「兵十は〜」となっているのかという問題は解明されないままである。純粋に「ごんの目から見て」語っているとするなら、西郷氏も述べているように、「兵十がかけよってきました」と叙述する方が自然である。ごんは倒れてから兵十の行動（かけよってくる）に気づいたわけである。語り手（話者）のように兵十の行動を事前に承知していたとしたら、「兵十はかけよってきました」となるはずである。

この問題をクリアしようとすれば、〈兵十はかけよってきました〉は、語り手がごんに同化して語るのではなく、ごんのすぐそばで語るというふうに考えるしかないだろう。

たとえば藤井圀彦氏は、〈ごんは、ばたりとたおれました〉という文を「ごんの側で、ごんのすぐそばに寄り添う話者の眼」と見ている。こう考えると〈兵十はかけよってきました〉は「別に問題にならない」のであり、むしろこの方が「主題に対する感動も盛り上がる」のだという。なお藤井氏によれば、次の〈家の中を見ると～「ごん、お前だったのか。いつも栗をくれたのは。」〉の部分が「兵十の眼」であり、それ以降は両者を中立的に眺める「客観視点」であるとしている。要するに、視点が何度も転換するという考え方である（「何のために『視点』を分析するのか」『現代教育科学』№378、一九八八年五月号、三七頁）。

ラストシーンが「客観視点」であるという指摘には同感である。語り手は、ぐったりとなったごん、そのかたわらで茫然と立ちつくしている兵十、そして銃口から青い煙が立ち上っているのを第三者的な立場から眺めている。

ただし、〈兵十はかけよってきました。家の中を見ると土間に栗が、かためておいてあるのが目につきました〉において、第一文が「ごんに寄り添う眼」で、第二文が「兵十の視角眼」というのはやはり不自然である。もともと西郷氏の疑問は、この部分は「兵十の視角から構成されている」のに「この一文だけごんの視角から構成されている」という不整合にあったからである。この問題に対する明快で納得のいく説明はむずかしい。

3 ラストシーンをどう読むか

以上、いくつかの見解を紹介してきた。最後に私の考えを示すことにする。

私は、安藤氏や藤井氏のように〈兵十はかけよってきました〉という表現が「ごんぎつね」のテーマや感動に関わるほど重要な意味を持っているとは思わない。〈かけよってきました〉でなければならない必然性を認めることができないのである。

一方、西郷氏のように「大きな問題がある」とも思わない。「かけよっていきました」でなければならない必然性も認めることができないのである。「視点論」でうまく説明できないからといって、原作を勝手に改変することは越権行為である。作品あっての理論と考えるべきである。額縁に合わせるように絵を描き直してはならない。

ここはあくまでも原文を尊重しつつ、それにふさわしい読みを探っていくべきである。草稿も「兵十はかけよって来ました」となっている。

やはり、語り手がそこだけ、ごんの側（近く）から語っていると考えるのが最も合理的だろう。不自然さは残るが、視点論のレベルで考えると仕方ないだろう。それを避けようとするなら、安藤氏のように視点論を無視して説明するか、藤原氏のように「読者の視点」という観点から説明する以外にないだろう。

むしろ、ラストシーンが「客観視点」ということの方が大きいと思う。

> ごんは、ぐったりと目をつぶったまま、うなずきました。
> 兵十は、火縄銃をばたりと、とり落しました。青い煙が、まだ筒口から細く出ていました。

語り手は、ここで中立的な視点から眺めて語っている。草稿のように、ごんの内面に立ち入って〈うれしくなりました〉と語っていない。

こうした「客観視点」によって、読者は二人を同時に視野に捉えて、この物語がごんの悲劇であると同時に兵十の悲劇でもあるということを深く思い知らされるのである。

第5章

「ごんぎつね」を読書への架け橋に

—南吉の他の作品も味わう—

一　親子読書の可能性

1　最近の親子関係と親子読書

新美南吉が自らの作品のなかで追求し続けた「別の世界に生きる人たちの心のふれあい・かよいあい」というテーマは、現在も大きな意味を持っている。「いじめ」「不登校」「自殺」に見られるように、高度に発達した情報化社会、受験競争に巻き込まれた学校教育体制のもとで、子どもたちの人間関係に歪みが生じている。

また、第2章でも述べたように、今の若者は相手を傷つけないように配慮するという〝やさしさ〟にとどまっていて、相手の心のなかに深く立ち入って共感したり反発したり……というホットな人間関係を築くことを避ける傾向がある。

そういう表面的な人間関係を保つツールとして、ＳＮＳ（フェイスブック、ツイッター、ライン、インスタグラムなど）が全盛である。だが、往々にしてその内容が空疎になるのは、人とつながっているという感覚があればそれでいいからである。ＳＮＳを使って人生についての深刻な相談をするなどということはあり得ない。そんなことをしたら、「ウザイ」ということになるだろう。

そんな人間関係でよいのだろうか。真の意味での「心のふれあい・かよいあい」が今ほど強く求められているときはない。南吉童話は、その問題を考えるときに大きなヒントを与えてくれるだろう。

最近の親子関係は二極化しているように思える。

一つの極は、子どもに対する愛情過多によって引き起こされる親子密着化である。過保護・過干渉と言い換えてもよい。その結果、一人では何もできない子ども、自立できない子ども、社会的能力が未発達な子どもが生み出されている。

もう一つの極は、子どもに対する愛情不足によって引き起こされる児童虐待である。子どもの成長発達に重大な心的障害をもたらすことは言うまでもない。

いずれの場合も深刻なケースになると、人間関係能力の育成が阻害され、時として凶悪な犯罪をもたらすこともある。

親と子が、固有の人格をもった存在として生活をともにしつつ、日常的なコミュニケーションを通して理解を深めていくような家庭でありたいと思う。そのためにも、親子読書は大きな可能性を持っている。（日本では、椋鳩十が提唱した「母と子の二〇分間読書」が知られている。）

親子が同じ作品を読んで、感想を言い合うだけでも、会話のきっかけとなる。「ごんぎつね」はそのために絶好の素材である。お父さんもお母さんもかつて習った「ごんぎつね」を改めて読み直すことによって、また新しい発見や感動が生じるだろう。それを成長したわが子と交流したり共有したりするのも楽しいことである。

以上のような観点から、親子で読めるような南吉作品、さらに「ごんぎつね」の学習と関連づけた読書活動に使えるような南吉作品を探ってみることにしたい。

二　おすすめの南吉作品

1　小学生向けの作品

南吉童話には、先に指摘したように、叙情性豊かな作品が多い。かつて教科書に掲載されていた「手ぶくろを買いに」もその一つであるが、他にもよい作品がたくさんある。

○「はな」

ケンボウたちは土橋のところで隣村の子どもたちとけんかをする。ケンボウは〈からだのふとったこ〉と相手することになり、組み伏せられてしまう。〈そのこ〉が間もなくしてケンボウの学校に転校してくる。おまけにケンボウと席が隣同士となる。名前はアオキヒロシという。

ケンボウは最初はきまりが悪いと思っていたが、消しゴムを貸してやったり、鬼ごっこでわざと捕まってやったりすることを通じて、彼にだんだん接近していく。その日の夕方、〈やしきまちのいけがき〉のなかからヒロシくんが八重桜の大きな花を一つ放ってよこす。それをきっかけにして、二人は仲が良くなり、お互いに「ヒロくん」「ケンちゃん」と呼び合うようになる。

この幼年童話では、異質の世界（隣村・けんか相手・上層階級）という壁に隔てられていた二人の少年が次第に打ち解けていき、友だちになるというプロセスが描かれている。

題名にもなっている「はな」は、二人の心の交流を暗示するものであった。南吉の希求する「心のふれあい・かよいあい」がストレートな形で表現されている作品である。「からだのふとった子→その子→アオキヒロシというなまえ→ヒロシくん→ヒロくん」という呼称の変化がそれを物語っている。

　なお、かつおきんや氏は、ケンボウもヒロシくんも「南吉の分身」であり、「生け垣の内か外かから、だれかを求めつづけていたのが彼の人生だった」と述べている（『人間・新美南吉』一九八三年、大日本図書、一〇頁）。
○「木の祭」
〈めつたに人の通らない緑の野原の真中にぽつんと立つてゐた〉木に、美しい白い花が咲く。その匂いに気づいた蝶が相談して、〈木の為にみんなで祭をしてあげよう〉ということになる。

　いろいろな蝶が野原に飛んでくるなかで、一番小さな蜆蝶が途中で一匹の蛍を見つける。そして、〈私は夜の虫だから、みんなが仲間にしてくれないでせう〉と遠慮する蛍を祭に誘う。蝶たちは木のまわりを〈ぼたん雪のやうに〉舞い、花の密をご馳走になる。暗くなると、蛍が仲間を〈どつさり〉連れてきて、一つ一つの花に灯りをともす。みんなは大変に喜んで夜遅くまで遊ぶ……。

　この作品は、木と蝶と蛍という異種同士の交流を描いている。与田準一氏のいう「生存所属を異にするもの」は、ともすると自分で壁を作って孤立しがちである。それは先の蛍のせりふによく表れている。しかし、彼らが一緒になって遊ぶことによって、美しい幻想的な世界が現出していくのである。

また、〈一番小さな蜆蝶〉が小川のふちで羽を休めているときに蛍を見つけて誘うというストーリーにも作品のテーマが強調されている。オオムラサキのように大型の華麗な蝶ではなく、地味で目立たない蝶が仲間づくりの橋渡しをしたのである。そういう存在だからこそ、ひとりぼっちの寂しさがよくわかるのだろう。蛍を誘った蜆蝶は、この祭を盛り上げた最大の功績者といえよう。

表現面では、人物や情景の描写にオノマトペ（擬音語・擬態語）や比喩が効果的に使われている。野原に〈ぽつん〉と立っていた木、花の匂いが〈ふんわり〉と風に乗っていく様子、それに向かって〈ひらひら〉飛んでいく蝶々の群れ、葉の裏で〈うつらうつら〉している蛍……。また、蝶は木の周囲を〈大きなぼたん雪のやうに〉飛びまわり、蛍は〈小さい提灯がいつぱいともされたやう〉に花のなかにとまる。

こうした夢のような光景はすべて、ふれあいを求める心がもたらした自然の美の世界である。小学生にふさわしいメルヘンである。

○「飴だま」

これは、教科書にも載ったことがある作品であるが、南吉らしいユーモアと巧みな物語構成という点で今も捨てがたい味わいがある。

渡し舟のなかで、二人の子どもが一つの飴玉をせがんで駄々をこねる。すると、それまで〈こつくりこつくり〉居眠りをしていた〈黒いひげ〉の〈強さうなさむらひ〉が刀を抜いて近づく。母親は真っ青になって子どもをかばう。ところが、侍は刀で飴玉を〈ぱちんと〉半分に割って分けてやる。そして、また居眠りを始める……。

このストーリーには、起承転結（冒頭‐発端‐山場‐結末）という古典的な物語の展開形式がぴったりとあてはまる。しかも、侍の人物描写にはユーモアが溢れている。〈強そうなさむらいが、こっくりこっくりするので、子供たちはおかしくて、ふふふと笑いました〉〈ぱっちり眼をあけて、子供たちがせがむのを見ていました〉〈刀でぱちんと二つにわりました〉に見られるオノマトペは、〈ぽかぽかあたたかい〉とも関連して、何となくかわいらしく滑稽な響きがある。

しかし、一方では〈どっかり坐っていました〉〈すらりと刀をぬいて、お母さんと子供たちのまへにやって来ました〉という威圧的な態度もあって、この侍のイメージの二重性をうまく表している。読者を作品に引き込んで、スリルとユーモアを感じさせる仕掛けである。

また他の南吉作品と同様、母子と侍という「生存所属を異にするもの」の「心のふれあい・かよいあい」をテーマとしていることも豊かな叙情性を生み出している。

なお、本作品は事件の設定も実に巧みである。

「時」は〈春のあたたかい日〉である。それによって侍が〈いねむり〉を始めるという必然性が生じている。寒くて眠気を催さなかったとしたら、この事件は起こらなかっただろう。

「人」は〈二人の小さな子供〉〈お母さん〉と〈強そうなさむらい〉という対照的な人物が中心人物となっている。しかも〈あたしにちょうだい〉という会話文から、子供は女の子（幼い姉妹）であることがわかる。これがお父さんと男の子という設定だったら、作品の雰囲気が変わってくる。

「場」は〈渡し船〉のなかである。そこは一種の密室状態である。大きな川の上に浮かんだ舟のなかでは逃げたり隠れたりすることができないからである。こういう設定が母子の危機的な状況をうまく演出している。

さらに、視点の設定も効果的である。語り手は、一貫して〈お母さん〉によりそい重なりながら語っていく。つまり、母親が「視点人物」(見ている人物)で、侍が「対象人物」(見られている人物)ということになる。

見ているほうの人物の内面(母親の心配、不安、恐怖)は手にとるようにわかるが、見られているほうの人物の内面(侍が刀を抜いて近づいた意図)はわからない。

読者は、初読の段階では「視点人物」に同化して読むので、母親の身になって「大変なことになった」「殺されたらどうしよう」という切迫した心情をよく理解できる。ところが、読者の予想とはまったく違った結末を迎えることになる。これがサスペンスドラマのように緊迫感のあるストーリーの面白さを支えている。

○「手ぶくろを買いに」

寒い冬、母さんぎつねは子ぎつねに手ぶくろを買ってあげようとしたが、町の灯を見たとき、かつて人間にこわい目にあったことを思い出して、足が進まなくなる。

そこで、子ぎつねの片方の手を人間の手に変え、その手に白銅貨を持たせて一人で買いに行かせる。無事に帰ってきた子ぎつねは、帽子屋で間違ってきつねの方の手を出したのにちゃんと手袋を売ってくれたことを話して、「母ちゃん、人間ってちつとも恐かないや」と無邪気に言う。

しかし、母さんぎつねは、「ほんとうに人間はいいものかしら。ほんとうに人間はいいものかしら」とつぶやく。

この作品は、母子の狐を中心に、ほのぼのと温かい世界を描いているのに、読者の心にはどこか引っかかるものが残る。それは従来から言われてきた作品の問題、つまり、なぜ母狐は坊やを一人きりで町に行かせたのかという設定の問題だけではない。テーマと関連づけると、やはり最後の母狐のつぶやきが読者に重い問いを突きつけているのである。人間不信の思いが依然として払拭できない母狐の姿に、「生存所属を異にするもの」の心のふれあい・かよいあいの困難さを見ることができる。

なお、本作品はかつて小学校三年生の教科書教材として長く掲載されてきた。「ごんぎつね」と同様、数多くの授業実践が行われてきている。

2　中学生向けの作品

中学校教科書に載ったことのある南吉作品は、「おじいさんのランプ」などほんの数点にとどまっている。しかし、晩年に書かれた「自伝的少年小説」ないし「生活童話」と言われる作品のなかには、中学生向きの佳品が多い。それは少年期固有の微妙な心理を巧みに描き出している。子どもの内なる視点から捉えた世界である。

少年期をまだ生きている（しかも、それをある程度対象化・客観化できる年代であると思われる）中学生にそうした作品をぜひ読ませたいと思う。それによって自分の生活経験（認識・感覚・感情・問題意識など）が生き生きと呼び起こされるに違いない。

谷悦子氏はかつて、南吉作品の教材化の新しい視点として、「久助君の話」のように「少年を主人公に、生活の中のある発見や認識の変革、心理の深まりを扱った」作品が「社会意識や自我」の発達する高学年の子どもにふさわしいと実証的に述べたことがある（『新美南吉童話の研究』一九八〇年、くろしお出版、一八九～一九〇頁）。

しかし、残念なことに、こうした観点からの南吉作品の教材化はその後もほとんど例がない。もっと試みられてよいだろう。

○「久助君の話」

久助君は、兵太郎君と二人きりで半日も〈猫の仔〉のように取っ組み合いをしたあとで、目の前に〈見たこともない、さびしい顔つきの少年〉が立っているのを見てびっくりする。が、それは幻覚で、よく見ると兵太郎君だった。久助君は、このことを通して次のような

〈悲しみ〉を体験する。

だが、それからの久助君はかう思ふやうになつた。――わたしがよく知つてゐる人間でも、ときにはまるで知らない人間になつてしまうことがあるものだと。そして、わたしがよく知つてゐるのがほんとうのその人なのか、わたしの知らないのがほんとうのその人なのか、わかつたもんぢやない、と。そしてこれは、久助君にとつて、一つの新しい悲しみであつた。

久助君が体験した〈悲しみ〉は、人間とは計り知れない存在であり、心の底から理解し合うことはできないのではないかという悲しみである。

つまり、例の「生存所属を異にするもの」の心のふれあい・かよいあいというテーマが、〝同じ人間同士、友達同士でさえも越えがたい壁がある〟という形で懐疑的に表出されていると見ることができる。

なお佐藤通雅氏は、久助君の幻覚を「外界との隔絶感」を表すものと考え、「久助君にとって外界とは自分に生き生きと迫るものではなく、ひややかなものとして遠くに在るものだったが、つい今しがた組み合っていた相手までが、一瞬ながら外界物に変貌してしまった」と解釈している（『新美南吉童話論』一九七〇年、牧書店）。久助君の悲しみの本質は、人間の根源的な孤独という問題に帰着するのかもしれない。

○「嘘」

都会から転校してきた太郎左衛門の嘘のために、久助君たち田舎の子どもは何度もだまされる。

ある日、太郎左衛門は新舞子の海岸で飛行機が曲芸をしているといって、久助君たちを遠くまで連れ出す。それが嘘だとわかると、一同は疲れと心細さで泣き出してしまうが、太郎左衛門は近くに親戚があるから電車で送ってもらおうと言い出す。みんなは信用せず絶望に沈むが、今度ばかりは本当だった。

その晩、久助君は、「人間といふものは、ふだんどんなに考へ方が違つてゐる、訳のわからないやつでも、最後のぎりぎりのところでは、誰も同じ考へ方なのだ、つまり、人間はその根本のところではみんなよく分りあふのだ」ということがわかって〈ひどく安らかな心持〉になるのであった。

この作品には、太郎左衛門という少年（都会風・色白・嘘つき）と久助君たち田舎の少年との対立・葛藤という構図が見られる。両者は、都会（虚飾）と田舎（純朴）という「生存所属を異にするもの」を代表している。話す言葉（横浜の言葉と岩滑の言葉）も違うのである。しかし、土壇場の極限状況のなかでは相手がいかに嘘つきであっても信用できる人間であることが判明する。この結末は「心のかよいあい」の実現とは言えないにしても、また「南吉文学中もっとも人間肯定的」（浜野卓也氏）であるかどうかは別としても、作者の人間信頼への切なる願望が込められていることは確かである。

○「疣《いぼ》」

この作品は、少年心理の追求という点で鋭さとリアリティを持った生活童話である。

夏休みに、松吉と杉作の家にいとこの克巳が遊びにきた。三人は裏山の池で一緒に泳いだりして仲良しになる。秋の収穫が終り、今度は松吉と杉作が町に住む克巳の家に餅を届けにいく。

再会を楽しみにしていた二人だったが、克巳の冷淡な態度に寂しさと失望を感じる。

しかし、兄の松吉は〈けふのやうに人にすつぽかされるといふやうなことは、これからさきいくらでもあるに違ひない。俺達は、そんな悲しみに何べんあはうと、平気な顔で通りこしていけばいいんだ〉と気を取り直す。そして、二人で〈どかアん〉〈どかアん〉と大声を張り上げながら帰っていく……。

この作品は、直接的には田舎の子どもと都会の子どもという「生存所属を異にするもの」の心のふれあい・かよいあいのはかなさ・頼りなさを描いている。

しかし、もっと広げて考えると、友だちだと思っていた子ども（他者）に冷たく〈すつぼかされる〉という体験は、普遍的な人間心理として誰にも身に覚えがあるものだろう。この作品ではそれを単に嘆き悲しむのではなく、むしろ積極的に乗り越えていこうとする心の転換ないし開き直りの姿勢が見られる。これが結末を比較的明るいものにしている。

この作品における少年心理の描写に目を向けてみよう。

a　松吉と杉作は、帽子をかむらないで家を出ました。帽子をかむつて町へいくと、町の子供が徽章を見て、松吉、杉作が田舎から来たことをさとるに違ひありません。それが二人はいやだつたのです。

b　松吉は、つきおとされたやうに感じました。じぶんの立つてゐる大地が、白ちやけた寂しいものにかはつてしまひました。（中略）空の重箱は、ズボンのポケットにつつこんだ松吉の右手にだらしなくぶらさがり、一足ごとにお尻にぶつかります。いくときの、希望にみちた心持ちにひきかへ、帰りの、何といふ、間のぬけた、はぐらかされたやうな心持ちでせう。

aは都会へのコンプレックス、bは深い失望感を表しているが、いかにも少年らしい感覚・感情である。その純粋さ、微妙さ、傷つきやすさを的確に捉えている。こうした少年心理の描写は、時代を超えて今も読者の心に響くものがある。自らの生活経験に基づいて、作品との対話が促されていくだろう。

○「花を埋める」

この作品のあらすじはこうである。

〈私達〉が子どもの頃、花を埋めるという〈あはれ深い〉遊びがあった。一人が鬼になって目をつぶる。他の子は摘んできた花を小さな穴に入れてガラスの破片でふたをし、土をかけておく。鬼は合図があったらそれを見つけ出すというものである。

ある日、林太郎とツルと私の三人でこの遊びに興じる。最後に私が鬼になったが、いくら探しても見つからない。ツルに好意を持っていた私は、彼女が作った〈花のパノラマ〉を見たくて、次の日もそれ以後も何度か探しにいく。

ある時、林太郎が「あれ嘘だつたゞよ、ツルあ何も埋けやせんだつたゞ」と告げる。私は〈心に憑いてゐたものが除れた様に感じ〉る。その後、そこで遊んでも〈こゝには何も隠されてはないのだと思ふとしらじらしい気持になり、美しい花が隠されてゐるのだと思ひこんでゐた以前のことを懐しく思ふ〉のであった……。

この作品は、後日談の部分で〈ツルが隠した様に見せかけたあの花〉とその後再会したツルの変貌ぶり（虚栄心の強い女）を結びつけているために、作品の底が浅くなったという続橋達雄氏の指摘もある（『南吉童話の成立と展開』一九八三年、大日本図書）が、不思議な魅力を秘めた作品である。異性に目覚める頃の少年の心のひだを「花を埋める」という隠微な遊びと重ね合わせて描いたところに独特の味わいがある。また、一人称の回想視点も短い少年期へのノスタルジーを誘っている。

これらの他には、「デンデンムシノカナシミ」「去年の木」「落した一銭銅貨」（小学校中学年まで）、「おじいさんのランプ」「最後の胡弓弾き」「川」（小学校高学年〜中学生）などもすぐれた作品である。

第 6 章

大学での「ごんぎつね」の授業

一　学生に教材研究の力をつける

1　深い学びのために

私は国語教育研究者であるとともに大学教員でもある。したがって、単に国語教育を論じるだけでなく、学生たちに国語教育を実践することも重要な仕事である。以前、「国語教材研究」という科目を担当していたときに、文学教材の基本的な分析法を指導することがあったが、国語科の指導領域は広範囲に及ぶため、それだけに時間をかけることはできなかった。別の科目でじっくりと作品分析法を指導したいと思っていたところ、昨年度（二〇一八年度）、とうとうその機会がやってきた。それは「教授学演習」という教職選択科目である。新学習指導要領では、「主体的・対話的で深い学び」の必要性が指摘されているが、国語科の授業において真にそれを実現するためには、教師の教材研究力、とりわけ作品分析法の習得が不可欠である。こうした立場から定番教材の「ごんぎつね」（新美南吉）を使って、教師をめざす学生たちに作品分析法を伝授するとともに、学生たちと徹底的に教材分析に取り組んだ。本章はその報告である。

2　基本的な作品分析法

文学作品の読みの技術として、私は以前から次のような作品分析の観点と方法を提示してきた。先行研究としての西郷文芸学、分析批評、読み研方式などをもとにして、私が整理し直したものである。

①構成をとらえる技術
a題名の意味を考える。
b設定（時・人・場）を明らかにする。
c全体構成（冒頭・発端・山場・結末、起承転結など）を明らかにする。
d事件の伏線を明らかにする。
e事件や人物の転換点（クライマックス）に着目する。
f場面に分けて、事件やあらすじをとらえる。
②表現をとらえる技術

ａ類比（反復）と対比の関係をとらえる。

ｂ感覚表現（視覚・聴覚・嗅覚・味覚・触覚）をとらえる。

ｃ色彩語、比喩、擬人法、オノマトペなどをとらえる。

ｄ象徴性を読み解く。

ｅ倒置法、省略法、誇張法・体言止めなどをとらえる。

ｆ作型（描写、説明、会話、叙事、表明）の効果を明らかにする。

ｇ文字表記、句読点、区切り符号（ダッシュ・リーダーなど）、字配り、字形などの効果を明らかにする。

ｈ韻律の特徴や効果を明らかにする。

③視点をとらえる技術

ａ作者と話者（語り手）を区別する。

ｂ内の目（主観視点）と外の目（客観視点）を区別する。

ｃ同化体験（人物の気持ちになる）と異化体験（人物を外から眺める）、共体験（両者の混合）を成立させる。

ｄ一人称視点と三人称視点の効果を明らかにする。

e視点人物と対象人物、視点の転換などをとらえる。

④人物をとらえる技術

a中心人物をとらえる。

b主役と対役を明らかにする。

c人物描写などから人物像や心情をとらえる。

d中心人物の人物像の変化や心の転換点をとらえる。

e中心人物がこだわっているもの・こと（主材）を明らかにする。

f人物の姓名・呼称の意味を考える。

g人物を典型としてとらえる。

⑤文体をとらえる技術

a語り方（語り口）の特徴をとらえる。

b話法（直接話法・間接話法・自由間接話法）を明らかにする。

c文末表現、余情表現、常体と敬体、文の長さなどの効果を明らかにする。

d異化された表現（非日常的で不思議な表現）とその効果を明らかにする。

e矛盾した表現（パラドックス）とその効果を明らかにする。

f作調（明暗・喜劇・悲劇・叙情・感傷・風刺・ユーモア・アイロニーなど）を明らかにする。

二　「教授学演習」の趣旨と概要

1　授業のねらい

近年、「主体的・対話的で深い学び」の推進が叫ばれている中で、アクティブ・ラーニングの方法・形態が議論の中心になりがちで、「深い学び」の前提条件が軽視されている。つまり、「主体的・対話的で深い学び」のためには、教師自身の学びの深さ、つまり教材研究の深さが決定的に重要である。

大学における教員養成教育がすべきことは、まず教材研究の力を育てることである。

最近、「大造じいさんとガン」（椋鳩十）の授業で、「単元を貫く言語活動」として「物語の推薦文を書く」という授業を見たことがある。そのとき子どもが書いた推薦文の中に、「残雪と大造じいさんが仲良くなったお話です」という記述が複数見られた。これは作品を根本的に読み誤っている。大造じいさんは専用の檻（おとりのガンは鶏小屋）に入れるなどして、残雪が人間になつかないようにしている。傷が癒えた残雪もまた躊躇なく、「バシッ！　快い羽音いちばん、一直線に」空へ飛び去っていく。両者の関係は、緊張感のある対峙の関係であり、友情とは無縁である。深い学びのためには、教材の深い理解が決定的に重要であることを思い知らされた。言語活動の充実もよいが、そのためには、作品をきちんと読むことが必要である。

ところで、大学で作品分析法がきちんと教えられていないという現状もある。望月善次氏はかつて、「わが国の「国語」教師は具体的作品に即した作品分析法をどの程度修得しているだろうか。『一つでもいいから確かな分析方法を修得している教師は少ない』というのが筆者の判断である」と述べたことがある（望月善次『「分析批評」の学び方』一九九〇年、明治図書、二八七頁）。これは現在もそのままあてはまると考えている。先に述べたように、教職専門科目の「国語科教育法」では限界があるので、教科専門科目の「日本文学概論」などの授業で本来は指導すべきであろうが、私は今回「教授学演習」という科目で、「ごんぎつね」を教材にして試みたのである。

2 「教授学演習」の授業計画と内容

第1回　オリエンテーション〜本演習のねらいと全体計画について〜
第2回　基本的な作品分析法を学ぶ〜「飴だま」（新美南吉）を教材にして〜（1）
第3回　基本的な作品分析法を学ぶ〜「飴だま」（新美南吉）を教材にして〜（2）
第4回　「ごんぎつね」の全文の読みと各自の学習課題の発表
第5回　「ごんぎつね」の教材研究①構成〜全体構成〜
第6回　「ごんぎつね」の教材研究②表現〜反復表現〜
第7回　「ごんぎつね」の教材研究③表現〜対比表現〜
第8回　「ごんぎつね」の教材研究④表現〜オノマトペ〜
第9回　「ごんぎつね」の教材研究⑤表現〜色彩語・比喩〜
第10回　「ごんぎつね」の教材研究⑥視点〜話者と視点〜
第11回　「ごんぎつね」の教材研究⑦視点〜視点の転換〜
第12回　「ごんぎつね」の教材研究⑧文体〜矛盾した表現〜
第13回　「ごんぎつね」の教材研究⑨文体〜語りの特徴・前書きの意味〜

第14回　「ごんぎつね」の教材研究⑩作品の謎（六の場面を中心に）
第15回　「ごんぎつね」の教材研究⑪「比べ読み」による批評（草稿と定稿の比較）

このうち、第6回では、反復表現（主要語句）として、「あな」「うら」「かげ」「かくれて」「ひとりぼっち」などを取り上げた。本書の第5章でも述べたように、ごんは日陰者で人間社会から疎外された人物として登場するのである。家族がいないという点では同じ境遇にありながら、兵十とはけっして交わることができないのである。

対比表現として、「ちょいといたずら」と「ぬすっとぎつねめ」、「いいことをした」と「ひどいめにあわされた」、「おれにはお礼を言わない」と「神様にお礼を言う」、「くりが固めて置いてある」と「うちの中を見る」などを取り上げた。ごんと兵十の心のすれ違いがよく表れている表現である。

オノマトペ（擬音語・擬態語）としては、「そうっと」「じっと」「そっと」「びくっと」「こっそり」などを取り上げた。ごんが人目を忍んで行動している様子が浮かび上がってくる。

いずれの表現も「同じような境遇にありながら正対・対話の関係が絶たれている人物同

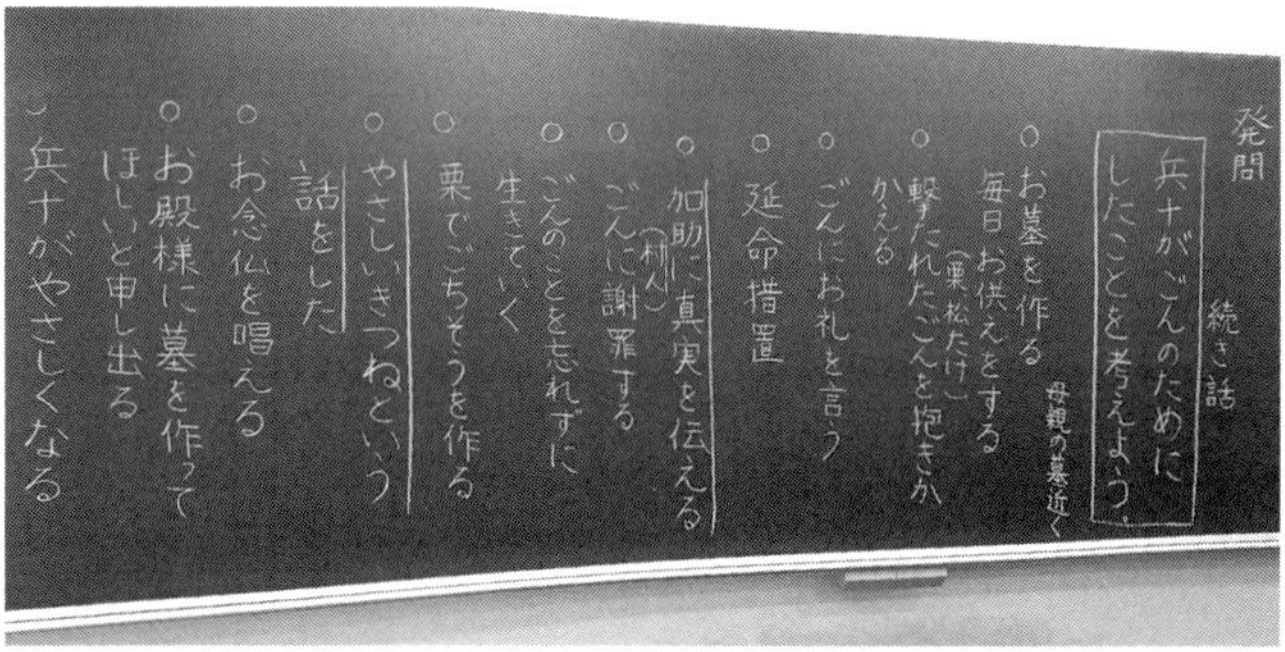

写真６　板書の一部

士が理解し合えなかったことによる悲劇」という作品のテーマを支えていることを確認した。

第13回では、このあと兵十がごんのためにしたことを考えよう」という学習課題を設定した。学生からは、次のような意見が出された。（写真６を参照）

これらの中から、「ごんのお墓を作った」という意見を取り上げて、「では、どこに作ったでしょうか？」という発問をした。「母親の墓の近く」「兵十の家」「村の中」という答えが多く出されるなかで、ある学生から「山の中」という予想外の答えが出された。その理由をきくと、「ごんは、毎日、山から栗や松茸を兵十の家に持っていった。その苦労に報いるためには、兵十もごんが住んでいた山まで行って、お墓参りをする方がよいと思ったから」と答えた。確かに一理ある。他の学生にも意見を求めて、最終的に自分の考えを決定するように伝えた。

また、「ごんのことを村人（加助）に伝えた」という意見に対しては、冒頭の一文「これは村の茂平というおじいさんから聞いたお話です」につながっていくことに気づかせた。そして、この物語が「ごんが死んだ悲しい話」ではなく、「ごんのすばらしさが語り継がれてきた話」であることを確認した。そして、本時の学習が単なる続き話を書くという言語活動とは違うということを補足説明した。

第14回では、「六の場面におかしいところはないか？」という発問によって、「兵十はかけよってきました」という一文の視点の問題について考えさせた。そして、本書でも紹介した西郷竹彦氏の意見や大森学級の子どもの意見なども紹介した。

また、「物置」と「なや」の混在という問題にも気づかせた。兵十の家は貧しいのに、二つも建物があるのはおかしいのではないか、「物置」にいた兵十が「なや」まで銃を取りに行ったら時間がかかり、ごんが逃げてしまうのではないか、といった実際の小学生の疑問も紹介した。

第15回では、最後の場面の草稿と定稿（教科書本文）を比べて、違っている箇所に印を付けたうえで、「最も大切な違い、心に残った違いをあげなさい」と問いかけた。そして、

多くの学生が指摘した、

・「ぐったりなったまま、うれしくなりました」（草稿）

・「ぐったりと目をつぶったまま、うなずきました」（定稿）

を取り上げて、「どちらの方がよいと思うか？　根拠と理由をあげて説明しなさい」という課題に取り組んだ。草稿を支持する意見としては、「ごんの思いが直接伝わってくるのでよい」「〝うれしくなりました〟で読者は救われる思いがする」というものが多かった。定稿を支持する意見としては、「ごんの思いをはっきり言わない方が想像の余地があってよい」「〝うれしくなりました〟ではごんの気持ちは兵十に伝わらないが、〝うなずきました〟では、その行為からごんの気持ちを理解できたから」といった意見が出された。最終的には、定稿の方がよいという意見の方が多かった。

3　学生の感想

最後にこの授業を受講した学生の感想をいくつか紹介しよう。

私は、この授業を通して、一つの物語に対し、深く学び合う楽しさ、大切さを知ることができた。（中略）反復表現の学習では、文章の中で繰り返し使われている言葉や文を取り上げた。その作業を行うことで、言葉の重要さや登場人物の性格や関係を探ることができた。対比表現の学習では、「ごんぎつね」の登場人物である、ごんと兵十の人間関係の対比を文章の中から探し出した。この作業を行うことで、すれ違いから生じる悲劇や物語の面白さを学習することができた。小学校の時はこのような授業をしたことはなく、とても新鮮だった。私がこの授業で一番感心したのは、物語の続きを考えるという学習である。この講義では三〇人近くの学生が履修しており、その三〇人が自分だけの「ごんぎつね」を作ることができた。私は、兵十がごんが住んでいた山の中にお墓を作るという物語を考えた。しかし、他には、母親のお墓の近くにお墓を作る、すぐお参りできるから兵十の家の敷地の中にお墓を作るなど、いろいろな考えや意見を聞くことができた。この学習は正解のない学びであり、一人で学習すると知ることができなかった異質なものとの出会いをすることができた。

（T・K）

ごんぎつねの授業では多数の教材分析の方法を学びました。反復表現・対比表現・オノマトペ・視点・比べ読み、一時間を使ってしっかりとその分析方法を学び、授業の進め方を実際に体験し、いろいろな考え、知識を得ることができました。その授業の中で、先生が学生たちに呼びかける発問がとても勉強になりました。「土間にくりが固めて置いてある」。この時にごんはどういう思いでくりを置いたのか。その質問を投げかけられると、ごんの気持ちに寄り添って考える機会になります。（中略）この発問から、ごんへの親近感、兵十への思いを共有することができます。私は一つの文章についてみんなで意見を言い合う、考えを共有し合うことが楽しいと感じました。新しい発見は喜びにもつながり、授業が一層深い学びになることを理解しました。さらに、先生は問いかけてから、長い時間考える時間を取ってくれました。私が先生だったら、その沈黙の時間が怖くなってしまい、自分で答えを言ってしまいそうになります。しかし、先生は急かすわけでもなく、否定するわけでもなく、それぞれの意見を認めてくれる。一緒に疑問を考えて、一層深い理解につなげていきました。

（M・M）

私はこの授業で、深い学びにつながるためにはどのような授業をしていけばいいのかということを学びました。新学習指導要領の中でも、「主体的・対話的で深い学び」を行うことが最重要視されています。そのために、学校現場では様々な工夫を凝らした言語活動が行われています。しかし、活動に目を向けるあまり、本来大切な読みが浅くなってしまう傾向があると知りました。実際に、教育実習に行った際も、そのことを少し感じました。国語の学習で深い学びをしていく際に、まず大切なことは読みを深めていくことだと思います。そして、その読みを深めていくために大切になってくることは教師の発問であると思います。発問の質によって読みの深さは大きく違ってきます。そのためには、教師が教材についてしっかりと分析していくことが大切だと感じました。（中略）最後に、この授業では主にごんぎつねについて深く学び、ごんぎつねという作品がとても好きになりました。また、毎回の授業がとても面白く楽しかったです。やはり、授業を「楽しい」と感じられることはとても大切なことだと思います。（M・O）

今回、この授業を受けて教育実習の失敗の原因が少し分かったと思います。それは教材研究です。実習中はもちろん教材研究を行っていましたが、子どもたちの考えを引き出すには、さらに深く研究することが大切だと感じました。オノマトペに注目したり、本文をはじめ、なか、おわりに分けたりするなどの深い教材研究までは実習中に行っていませんでした。この教授学演習の時間では、たくさんの意見を取り上げて、その意見について考える時間が多く設けられていて、子どもの意見を大切にしながら、学びを深めることができていると感じました。そして、意見を裏付ける根拠を示すことで学びが深まると感じました。意見に説得力を持たせるためには、根拠が必要です。その根拠を見つけるには、教材と向き合い、読み込む必要があるため、学びや考えを深めていけると思います。最後に、教材研究を深くすることによって、子どもたちの意見を大切にして、学びを深める授業づくりにつながるということを学びました。

（H・O）

私は「教授学演習」を受けて、教材研究の深さと面白さを学んだ。「ごんぎつね」を様々な観点から教材研究するなかで、私自身が「教材研究＝授業を成り立たせる最低限の要素の準備」というように捉えていることに気づいた。教育実習では、次の日の授業をなんとか行うための教材研究とは言えない授業準備をすることで精一杯だった。教育実習を終えて、この講義に参加してから教材研究の深さを知った。一つの教材を様々な観点から考えてみることで、子どもたちにどんなことを考えさせたいのかという授業のビジョンが広がり、「教育実習に行く前にこの講義を受けたかった…。」と強く思った。

（中略）教材研究は深く楽しいものである。忙しい中でも教材研究の時間を大切にし、自分自身も子どもたちも楽しみながら気づき、考える授業をしたい。（R・I）

こうした感想が生まれてきたのは、「ごんぎつね」という作品が、大学生を対象にした、10回を超える長丁場の授業にも堪えられるような深い意味を持った作品だからであり、読者に次から次へとさまざまな問いかけをしてくるような作品だからである。改めて「ごんぎつね」の教材価値を認識した。

「権狐」（草稿）

茂助と云ふお爺さんが、私達の小さかつた時、村にゐました。「茂助爺」と私達は呼んでゐました。茂助爺は、年とつてゐて、仕事が出来ないから子守ばかりしてゐました。若《わかい》衆倉《しゅぐら》の前の日溜で、私達はよく茂助爺と遊びました。

私はもう茂助爺の顔を覚えてゐません。唯、茂助爺が、夏みかんの皮をむく時の手の大きかつた事だけ覚えてゐます。茂助爺は、若い時、猟師だつたさうです。私が、次にお話するのは、私が小さかつた時、若衆倉の前で、茂助爺からきいた話なんです。

一

むかし、徳川様が世をお治めになつてゐられた頃に、中山に、小さなお城があつて、中山様と云ふお殿さまが、少しの家来と住んでゐられました。

その頃、中山から少し離れた山の中に、権狐と云ふ狐がゐました。権狐は、一人ぼつちの小さな狐で、いささぎの一ぱい繁つた所に、洞を作つて、その中に住んでゐました。そして、夜でも昼でも、洞を出て来て悪戯ばかりしました。畑へ行つて、芋を掘つたり、菜種殻に火をつけたり、百姓家の背戸につるしてある唐辛子をとつて来たりしました。

それは或秋のことでした。二三日雨がふりつゞいて、権狐は、外へ出たくてたまらないのをがまんして、洞穴の中にかゞんでゐました。雨があがると、権狐はすぐ洞を出ました。空はからつとはれてゐて、百舌鳥の声がけたたましく、ひゞいてゐました。

権狐は、背戸川の堤に来ました。ちがやの穂には、まだ雨のしづくがついて、光つてゐました。背戸川はいつも水の少い川ですが、二三日の雨で、水がどつと増してゐました。黄色く濁つた水が、いつもは水につかつてゐない所の芒や、萩の木を横に倒しながら、どんどん川下へ、流れて行きました。権狐も、川下へ、ぱちやぱちやと、ぬかるみを歩いて行きました。

ふと見ると、川の中に人がゐて何かやつてゐます。権狐は、見つからない様に、そーつと草の深い方へ歩いて行つて、其処からそちらを見ました。

「兵十だな。」

と権狐は思ひました。

兵十は、ぬれた黒い着物を着て、腰から下を川水にひたしながら、川の中で、はりきりと云ふ、魚をとる網をゆすぶつてゐました。鉢巻きをした顔の横に、円い萩の葉が一枚、大きな黒子《ほくろ》みたいにはりついてゐました。

しばらくすると、兵十は、はりきり網の一番うしろの、袋の様になつた所を水の中から持ちあげました。その中には、芝の根や、草の葉や、木片などが、もぢやもぢやしてゐましたが、所々、白いものが見えました。それは、太いうなぎの腹や、大きなきすの腹でした。兵十は、魚籠の中へ、ごみも一緒に、その鰻やきすを入れました。そして又、袋の口を縛つて、水の中に入れました。

兵十は魚籠を持つて川から上りました。そして、魚籠をそこに置くと、着物の端から、ポトポトと雫を落しながら、川上の方へ何か見に行きました。

兵十がゐなくなると、権狐はぴよいと草の中からとび出して行きました。魚籠には蓋がなかつたので、中に何があるか、わけなく見えました。権狐は、ふといたづら心が出て、魚籠の中の魚を拾ひ出して、みんなはりきり網より下の川の中へほりこみました。どの魚も、「とぼん!」と音を立てながら、にごつた水の中に見えなくなりました。一番お終ひに、あの太い鰻を掴まうとしましたが、この鰻はぬるぬるして、ちつとも権狐の手には掴まりません。権狐は一生懸命になつて、鰻をつかまうとしました。遂々、権狐は、頭を魚籠の中につゝ込んで、鰻の頭をくわへました。鰻は、「キユツ」と云つて、権狐の首にまきつきました。その時兵十の声が、「このぬすつと狐めが!」と、すぐ側でどなりました。権狐はとびあがりました。鰻をすて、逃げようとしました。けれど鰻は、権狐の首にまきついてゐてはなれません。権狐はそのまま、横つとびにとんで、自分の洞穴の方へ逃げました。

洞穴近くの、はんの木の下でふり返つて見ましたが、兵十は追つて来ませんでした。

権狐は、ほつとして鰻を首から離して、洞の入口の、いささぎの葉の上にのせて置いて洞の中にはいりました。

鰻のつるつるしたはらは、秋のぬくたい日光にさらされて、白く光つてゐました。

二

十日程たつて、権狐が、弥助と云ふお百姓の家の背戸を通りかゝると、そこの無花果の木のかげで、弥助の妻が、おはぐろで歯を黒く染めてゐました。

鍛冶屋の新兵エの家の背戸を通ると、新兵エの妻が、髪を梳つてゐました。

権狐は、
「村に何かあるんだな。」と思ひました。「一体、何だらう、秋祭だらうか——。でも、秋祭なら、太鼓や笛の音が、しさうなものだ。そして第一、お宮にのぼりが立つからすぐ分る。」

こんな事を考へ乍らやつて来ると、いつの間にか、表に赤い井戸のある、兵十の家の前に来ました。兵十の小さな、こはれかけた家の中に、大勢の人が這入つてゐました。腰に手拭をさげて、常とは好い着物を着た人達が、表の、かまどで火をくべてゐました。大きな、はそれの中では、何かぐつぐつ煮えてゐました。

「あゝ、葬式だ。」

権狐はさう思ひました。こんな事は葬式の時だけでしたから、権狐にすぐ解りました。「それでは誰が死んだんだらう。」とふと権狐は考へました。けれど、いつまでもそんな所にゐて、見つかつては大変ですから、権狐は、兵十の家の前をこつそり去つて行きました。

お正午がすぎると、権狐は、お墓へ行つて六地蔵さんのかげに隠れてゐました。いゝ日和で、お城の屋根瓦が光つてゐました。お墓には、彼岸花が、赤いにしきの様に咲いてゐました。

さつきから、村の方で、

「カーン、カーン」と鐘が鳴つてゐました。葬式の出る合図でした。

やがて、墓地の方へ、やつて来る葬列の白い着物が、ちらちら見え始めました。鐘の音はやんで了ひました。話声が近くなりました。

葬列は墓地の方へ這入つて来ました。人々が通つたあと、彼岸花は折れてゐました。

権狐はのびあがつて見ました。

兵十が、白い裃をつけて、位牌を捧げてゐました。いつものさつま芋みたいに元気のいい顔が、何だかしをれてゐました。

「それでは、死んだのは、兵十のおつ母だ。」

権狐はさう思ひながら、六地蔵さんのかげへ、頭をひつこめました。

その夜、権狐は、洞穴の中で考へてゐました。

「兵十のおつ母は、床にふせつてゐて、鰻が喰べたいと云つたに違ひない。それで兵十は、はりきり網を持ち出して、鰻をとらまへた。所が、自分が悪戯して、鰻をとつて来て了つた。だから兵十は、おつ母に鰻を喰べさせる事が出来なかつた。それでおつ母は、死んぢやつたに違ひない。鰻が喰べたい、鰻が喰べたいと云ひながら、死んぢやつたに違ひない。あんな悪戯をしなけりやよかつたなー。」

こほろぎが、ころろ、ころろと、洞穴の入口で時々鳴きました。

三

兵十は、赤い井戸の所で、麦を研いでゐました。兵十は今まで、おつ母と二人きりで、貧しい生活《くらし》をしてゐたので、おつ母が死んで了ふともう一人ぽつちでした。

「俺と同じ様に一人ぽつちだ」

兵十が麦を研いでるのを、こつちの納屋の後から見てゐた権狐はさう思ひました。

権狐は、納屋のかげから、あちらの方へ行かうとすると、どこかで、鰯を売る声がしました。

「鰯のだらやす――。いわしだ――。」

権狐は、元気のいゝ声のする方へ走つて行きました。芋畑の中を。

弥助のおかみさんが、背戸口から、

「鰯を、くれ。」と云ひました。鰯売は、鰯のはいつた車を、道の横に置いて、ぴかぴか光る鰯を両手で掴んで、弥助の家の中へ持つて行きました。そのひまに、権狐は、車の中から、五六匹の鰯をかき出して、また、もと来た方へ駈けだしました。そして、兵十の家の背戸口から、家の中へ投げこんで、洞穴へ一目散にはしりました。はんの木の所で立ち止つて、ふりかへつて見ると、兵十が、まだ、井戸の所で麦をといでるのが小く見えました。

権狐は、何か好い事をした様に思へました。

次の日には、権狐は山へ行つて、栗の実を拾つて来ました。それを持つて、兵十の家へ行きました。背戸口から覗いて見ると、丁度お正午だつたので、兵十はお正午飯の所でした。兵十は茶椀を持つたまゝ、ぼんやりと考へてゐました。

変な事には、兵十の頬ぺたに、擦り傷がついてゐました。どうしたんだらうと権狐が思つてゐると、兵十が独語《ひとりごと》を云ひました。

「いくら考へても分らない。一体誰が、鰯なんかを、俺の家へほりこんで行つたんだらう。お蔭で俺は、盗人と思はれて、あの鰯屋に、ひどい目に合はされた。」

まだぶつぶつ云つてゐました。

権狐は、これはしまつたと思ひました。可哀さうに、兵十は、鰯屋にひどい目に合はされて、あんな頬ぺたの傷までつけられたんだな――。

権狐は、そーつと納屋の方へまわつて、納屋の入口に、持つて来た栗の実を置いて、洞に帰りました。

次の日も次の日も、ずーつと権狐は、栗の実を拾つて来ては、兵十が知らんでるひまに、兵十の家に置いて来ました。栗ばかりではなく、きの子や、薪を持つて行つてやる事もありました。そして権狐は、もう悪戯をしなくなりました。

四

月のいゝ晩に、権狐は、あそびに出ました。中山様のお城の下を通つてすこし行くと、細い往来の向ふから、誰か来る様でした。話声が聞えました。

「チンチロリン　チンチロリン」

松蟲がどこかその辺で鳴いてゐました。

権狐は、道の片側によつて、ぢつとしてゐました。話声はだんだん近くなりました。それは、兵十と、加助と云ふお百姓の二人でした。

「なあ加助。」と兵十が云ひました。

「ん」

「俺あ、とても不思議なことがあるんだ」

「何が？」

「おつ母が死んでから、誰だか知らんが、俺に栗や、木の子や、何かをくれるんだ。」

「ふ――ん、だれがくれるんだ？」

「いや、それが解らんだ、知らんでるうちに、置いて行くんだ」

権狐は、二人のあとをついて行きました。

「ほんとかい？」

加助が、いぶかしさうに云ひました。

「ほんとだとも、嘘と思ふなら、あした見に来い、その栗を見せてやるから」

「変だな――」

それなり、二人は黙つて歩いて行きました。

ひよいと、加助が後を見ました。権狐はびくつとして、道ばたに小くなりました。加助は、何も知らないで、又前を向いて行きました。

吉兵エと云ふ百姓の家まで来ると、二人はそこへはいつて行きました。

「モク、モクモク、モクモク」と木魚の音がしてゐました。窓の障子にあかりがさしてゐました。そして、大きな坊主頭が、うつつて動いてゐました。権狐は、「お念仏があるんだな」と思ひました。権狐は井戸の側にしやがんでゐました。しばらくすると、また三人程、人がつれだつて吉兵エの家へはいつて行きました。お経を読む声がきこえて来ました。

権狐は、お念仏がすむまで、井戸の側にしやがんでゐました。お念仏がすむと、また、兵十と加助は一緒になつて、帰つて行きました。権狐は、二人の話をきかうと思つて、ついて行きました。兵十の影法師をふむで行きました。

中山様のお城の前まで来た時、加助がゆつくり云ひだしました。

「きつと、そりやあ、神様のしわざだ。」

「えつ?」兵十はびつくりして、加助の顔を見ました。

「俺は、あれからずつと考へたが、どう考へても、それや、人間ぢやねえ、神様だ、神様が、お前が一人になつたのを気の毒に思つて栗や、何かをめぐんで下さるんだ」と加助が云ひました。

「さうかなあ。」

「さうだとも。だから、神様に毎日お礼云つたが好い。」

「うん」

権狐は、つまんないなと思ひました。自分が、栗やきのこを持つて行つてやるのに、自分にはお礼云はないで、神様にお礼を云ふなんて。いつそ神様がなけりやいゝのに。

権狐は、神様がうらめしくなりました。

五

その日も権狐は、栗の実を拾つて、兵十の家へ持つて行きました。兵十は、納屋で縄をなつてゐました。それで権狐は背戸へまわつて、背戸口から中へはいりました。

兵十はふいと顔をあげた時、何だか狐が家の中へはいるのを見とめました。兵十は、あの時の事を思ひ出しました。鰻を権狐にとられた事を。きつと今日も、あの権狐が悪戯をしに来たに相違ない——。

「ようし！」

兵十は、立ちあがつて、丁度納屋にかけてあつた火縄銃をとつて、火薬をつめました。

そして、跫音をしのばせて行つて、今背戸口から出て来ようとする権狐を

「ドン！」

とうつて了ひました。

権狐は、ばつたり倒れました。兵十はかけよつて来ました。所が兵十は、背戸口に、栗の実が、いつもの様に、かためて置いてあるのに眼をとめました。

「おや――。」

兵十は権狐に眼を落しました。

「権、お前だつたのか……、いつも栗をくれたのは――。」

権狐は、ぐつたりなつたまゝ、うれしくなりました。兵十は、火縄銃をばつたり落しました。まだ青い煙が、銃口から細く出てゐました。

一九三一・一〇・四

【参考文献（単行本）一覧】

・安藤操『文学教育～その実り豊かな実践のために～』一九七八年、新評論
・石井順治『子どもとともに読む授業』一九八八年、国土社
・岩沢文雄『文学と教育　その接点』一九七八年、鳩の森書房
・大石源三『ごんぎつねのふるさと　新美南吉の生涯』一九九三年、エフエー出版
・大森修『国語科発問の定石化』一九八五年、明治図書
・かつおきんや『人間・新美南吉』一九八三年、大日本図書
・川野理夫『教師の読み「ごんぎつね」』一九八六年、あゆみ出版
・北吉郎『新美南吉「ごん狐」研究』一九九一年、教育出版センター
・北吉郎『新美南吉童話の本質と世界』二〇〇二年、双文社出版
・木村功『賢治・南吉・戦争児童文学～教科書教材を読み直なおす～』二〇一二年、和泉書院
・小松善之助『教材「ごんぎつね」の文法』一九八八年、明治図書
・西郷竹彦『教師のための文芸学入門』一九六八年、明治図書
・『西郷竹彦文芸教育著作集別巻Ⅰ』一九八二年、明治図書

・西郷竹彦・浜本純逸・足立悦男編『文学教育基本論文集4』一九八八年、明治図書
・斎藤卓志『素顔の新美南吉~避けられない死を前に~』二〇一三年、風媒社
・佐古田好一編『子らのいのち輝く』一九八〇年、部落問題研究所
・佐藤通雅『新美南吉童話論~自己放棄者の到達~』一九七〇年、牧書店
・関口安義『文学教育の課題と創造』一九八〇年、教育出版
・田中実・須貝千里編『文学の力×教材の力（全九巻）』二〇〇一年、教育出版
・田中実・須貝千里編『これからの文学教育のゆくえ』二〇〇五年、右文書院
・谷悦子『新美南吉童話の研究』一九八〇年、くろしお出版
・巽聖歌『新美南吉の手紙とその生涯』一九六二年、英宝社
・続橋達雄『南吉童話の成立と展開』一九八三年、大日本図書
・鶴田清司『「ごんぎつね」の〈解釈〉と〈分析〉』一九九三年、明治図書
・新美南吉記念館編『生誕百年　新美南吉』二〇一二年、新美南吉記念館
・新美南吉研究会『ごん狐の誕生　新美南吉の少年時代』一九九四年、一粒社
・畑中章宏『ごん狐はなぜ撃ち殺されたのか~新美南吉の小さな世界~』二〇一三年、晶文社
・浜野卓也『新美南吉の世界』一九八一年、講談社文庫

【参考文献（単行本）一覧】

・浜野卓也『新美南吉童話のなぞ』一九九八年、明治図書
・半田市立博物館・大阪国際児童文学館監修『文学探訪　新美南吉の世界』一九八七年、蒼丘書林
・府川源一郎『「ごんぎつね」をめぐる謎』二〇〇〇年、教育出版
・藤原和好『文学の授業と人格形成』一九八一年、部落問題研究所
・保坂重政・遠山光嗣監修『別冊太陽210　新美南吉』二〇一三年、平凡社
・向山洋一『国語の授業が楽しくなる』一九八六年、明治図書

（この中にはすでに絶版になったものも多いが、あえて載せることにした。）

おわりに

新美南吉は一九一三年（大正二年）生まれである。二〇一三年（平成二五年）には「生誕百年」の記念行事が開かれた。

三〇年に満たない南吉の生涯の中で生み出された名作童話の数々。そのなかでも「ごんぎつね」は不朽の傑作として、これからも読み継がれていくことだろう。

筆者には、作品のなかで死んでいくごんの姿は、南吉自身と重なっているように見える。心を寄せる兵十に近づいて、いつかは自分のことを理解してほしい、同じ境遇になった仲間として共に生きていきたいという夢が破れて、逆に撃ち殺されるという物語の悲劇的な結末は、童話作家としての地位や名声を手にしつつありながら、夢半ばにして夭折した南吉の無念とも重なってくるのである。

本書でも述べたように、「ごんぎつね」は伝承の物語である。「ごん」というきつねがいたことを兵十が村人に語り、そして、その話を聞いて感動した村人がまた次の世代の人びとに語り伝えていくという構造である。ごんはこうして伝説的なきつねになった。南吉も同様である。「ごんぎつね」という名作を生み出したことによって、彼は日本児童文学史上に燦然と輝く存在となった。そして、これからも伝説的な童話作家として永久に語り継がれていくだろう。まさに、「ごん」＝「南吉」なのである。そう考えると、あながち、ごんも南吉も不遇で悲運の人物だったという評価は当たっていないのかもしれない。

ともかく、新美南吉「ごんぎつね」は後世までずっと伝えられていくだろう。

本書でも、その魅力や価値、教師や子どもたちの作品評価などを紹介してきたが、少なくとも国語教科書レベルでは教材から消えることはないだろう。日本の小学生は全員がこの作品を読むことになる。単に国語の学習というだけでなく、人とふれあうこと、心がかよいあうことの大切さも感じとって、成長していってほしいと思う。

新学習指導要領（平成二九年版）では、育てるべき「資質・能力」として、「知識及び技能」「思考力、判断力、表現力等」に加えて、「学びに向かう力、人間性等」をあげている。とかくペーパーテストで計測できるような狭い意味での「学力」ばかりが問題になるが、「ごんぎつね」が読者に投げかけている、人を思いやる力、人と関わる力、人と交わる力なども「学びに向かう力、人間性」という広い意味での「学力」と考えていくべきだろう。

本書は、二〇〇五年に出版された『なぜ日本人は「ごんぎつね」に惹かれるのか～小学校国語教科書の長寿作品を読み返す～』（明拓出版）を教師向けに改訂したものである。幸いこの本は多くの方に読んでいただき、現在は在庫切れの状態である。出版元が閉業したため再版の見込みはなかった。しかし、教育関係者を中心に、再版を望む声が私のもとに多く寄せられていたので、何とか別の出版社から改訂版を出したいと考えていた。以前からお世話になっている明治図書の木山麻衣子氏に相談したところ、出版を快諾してくれた。また、初版の出版元からも許諾の返事をいただいた。
関係者の方々に厚く感謝申し上げたい。

二〇一〇年二月

鶴田清司

【著者紹介】

鶴田　清司（つるだ　せいじ）

都留文科大学教授（教育学博士）。全国大学国語教育学会常任理事（元理事長），日本国語教育学会理事，日本教育方法学会理事，日本言語技術教育学会理事など。

〔最近の主な著書〕

・『〈解釈〉と〈分析〉の統合をめざす文学教育～新しい解釈学理論を手がかりに～』2010年，学文社
・『対話・批評・活用の力を育てる国語の授業～PISA 型読解力を超えて～』2010年，明治図書
・『国語科における対話型学びの授業をつくる』（共編著）2012年，明治図書
・『授業で使える！論理的思考力・表現力を育てる三角ロジック～根拠・理由・主張の３点セット～』2017年，図書文化

なぜ「ごんぎつね」は定番教材になったのか
—国語教師のための「ごんぎつね」入門—

2020年３月初版第１刷刊　©著　者　鶴　田　清　司
発行者　藤　原　光　政
発行所　明治図書出版株式会社
http://www.meijitosho.co.jp
（企画）木山麻衣子（校正）丹治梨奈
〒114-0023　東京都北区滝野川7-46-1
振替00160-5-151318　電話03(5907)6702
ご注文窓口　電話03(5907)6668

＊検印省略　組版所　株　式　会　社　カ　シ　ヨ

Printed in Japan　ISBN978-4-18-357024-6

好評発売中！

「批判的読み」で説明的文章の授業改善をしよう！

国語教育選書

論理的思考力を育てる！
批判的読み《クリティカル・リーディング》の授業づくり

説明的文章の指導が変わる理論と方法

吉川芳則 著

【図書番号：2347】Ａ５判・160頁・2,260円＋税

ＰＩＳＡ調査での読解力（リーディング・リテラシー）としても注目された批判的読み（クリティカル・リーディング）を取り入れた授業づくりの理論と小、中学校の授業事例を紹介。新学習指導要領で新設された「情報の扱い方」を身に付ける国語授業づくりにも役立つ１冊。

小・中学生の文学的文章の読みが変わる理論と方法を提案

国語教育選書

国語科授業を変えるアクティブ・リーディング

〈読みの方略〉の獲得と〈物語の法則〉の発見

佐藤佐敏 著

【図書番号：2597】Ａ５判・144頁・1,960円＋税

国語でどんな技能や知識を習得するか、習得した知識や技能をどう活用するかを考え、授業で学んだことが、教室を離れた実生活の読書場面で主体的に活かされることをねらった「アクティブ・リーディング」の授業を提案。深い学びを実現する授業をつくる理論と実践を紹介。

明治図書　携帯・スマートフォンからは **明治図書 ONLINE へ** 書籍の検索、注文ができます。▶▶▶

http://www.meijitosho.co.jp　＊併記４桁の図書番号（英数字）でHP、携帯での検索・注文が簡単に行えます。

〒114－0023　東京都北区滝野川７－46－１　ご注文窓口　TEL 03－5907－6668　FAX 050－3156－2790